ADRIAN LANGENSCHEID
BENJAMIN RICKERT

TRUE CRIME ALLEMAGNE 2

DE VRAIES AFFAIRES CRIMINELLES CHOQUANTES OU INSOLITES VENUES D'EUROPE

A propos de ce livre :

Tueurs en série glaçants, drames familiaux tragiques, enlèvements dramatiques, tortures ignobles et sévices impitoyables : vous allez découvrir dans les dix nouvelles qui suivent des crimes et délits réels qui se sont déroulés en Allemagne.

Vous serez captivé, abasourdi, sidéré, bouleversé, et remettrez en question tout ce que vous pensiez savoir sur la nature humaine. La vie écrit des histoires horribles et ce livre vous les raconte. Plongez dans le monde époustouflant de vrais crimes bien réels !

A propos des auteurs :

Adrian Langenscheid est l'auteur de la série de livres à succès True Crime International. Tous ses livres sont devenus des best-sellers au-delà des frontières de l'Allemagne. Ecrit avec l'auteur de thrillers Benjamin Rickert, ce septième volume de la série poursuit le remarquable succès des ouvrages précédents.

Inhalt

ADRIAN LANGENSCHEID
BENJAMIN RICKERT

DE VRAIES AFFAIRES CRIMINELLES
CHOQUANTES OU INSOLITES VENUES D'EUROPE

Impression

Les auteurs : Adrian Langenscheid, Benjamin Rickert, Harmke Horst

ISBN:
"978-3-98661-062-3" True Crime Allemagne 2 Livre de poche

Edition : Hannah Thier, B.A. MSc.

Première édition juin 2023
© 2021 Stefan Waidelich, Zeisigweg 6, 72212 Altensteig, Allemagne
Image de couverture : © Canva (canva.com)
Conception de la couverture : Pixa Heros, Stuttgart

J'ai presque oublié le goût de la peur ; fut un temps, mes sens auraient eu froid à entendre un cri nocturne, et ma chevelure pour un récit funèbre se serait dressée comme animée de vie ; je suis gorgé d'horreurs ; l'atroce, familier de mes pensées sanglantes ne peut plus me surprendre.

Préface

Je le croyais capable de beaucoup de choses, mais de ça ? Jamais. J'avais confiance en lui et je pouvais lui parler de tout. Mais ensuite, il s'est avéré qu'il était vraiment un criminel. Je ne pouvais pas y croire. Toutes ces années, j'avais cru savoir comment il pensait et agissait. Cette nouvelle m'a frappé avec la violence d'un coup de poing en pleine poitrine.

La policière derrière le bureau me regarde intensément à travers ses lunettes carrées. Mon ami est accusé d'avoir agressé sexuellement des mineurs et cela sur une longue période. Grâce à mon témoignage, ils essaient de se faire une idée de sa personnalité. J'entends les mots et je ne sais pas quoi faire de mes sentiments. Je suis choqué, déçu, confus. J'aurais fait confiance à cette personne pour n'importe quoi, mais une chose pareille ? Impossible ! Je le dis sincèrement à la policière.

Seuls, lui et la victime savent si mon ami a réellement commis les actes dont il est accusé. Bien qu'il ait été condamné, il affirme être innocent jusqu'à ce jour.

Après la prononciation du verdict, je m'assieds à l'arrêt de tramway et j'enfouis mon visage dans mes mains. Je me demande si derrière la façade bourgeoise de nos relations, le comportement cordial de nos amis chers ou l'amabilité des voisins sympathiques, ne s'ouvrent pas, souvent, des abîmes d'une profondeur indescriptible ?

Benjamin Rickert

CHAPITRE 1

L'imposteur est au téléphone

L'homme est grand, maigre, bien habillé. Il fait les cent pas dans le petit salon de son appartement. Il est nerveux, prend son visage dans ses mains, signe d'une intense réflexion. « Qu'est-ce que je vais faire ? » murmure-t-il pour lui-même. Ses yeux se posent à nouveau sur la fenêtre à deux battants qui donne sur la rue. Une voiture de police vient de se garer devant son immeuble. Il est sûr que c'est pour lui. Sa plus grande peur est d'aller en prison. Cette pensée le paralyse. La panique le saisit. Une terrible panique. Il ne peut pas se rendre.

Soudain, sa bouche se tord en une espèce de sourire. Il vient d'avoir une idée. Il prend rapidement une feuille de papier et un stylo et griffonne quelques mots brefs. Ensuite, il découpe un bout de scotch et se précipite vers la porte de son appartement. Il entrouvre la porte, colle précipitamment le mot sous le judas, referme et recule de quelques pas. A partir de maintenant ce qui va se passer ne dépend plus de lui. Soit son stratagème fonctionne, soit c'est la fin de sa liberté. Il retient sa respiration et écoute les bruits du couloir. Quelqu'un a dû ouvrir la porte de l'immeuble aux policiers car il entend des pas lourds dans l'escalier. Les pas s'arrêtent devant sa porte. L'homme retient son souffle. Il entend les deux policiers murmurer. Ils lisent sa note. Il s'approche doucement du judas et regarde à l'extérieur... droit dans l'œil d'un des policiers. Il recule - par réflexe, et met une main sur sa bouche pour réprimer un cri.

« Non Klaus, le mot dit que Postel est absent pour deux semaines. On va le transmettre au centre de contrôle. Que veux-tu faire d'autre ? » demande une voix masculine. Puis il entend les pas lourds redescendre l'escalier.

L'homme lève les sourcils, incrédule. Il sait depuis toujours qu'il est plus intelligent que la plupart des gens, mais la bêtise des autres semble vraiment sans limite. Ces idiots n'ont même pas pris la peine de frapper. Ils ont juste cru son petit mot griffonné à la hâte. Le génie attrape une valise, y jette quelques vêtements et ce qui est nécessaire à sa fuite. Un coup d'œil par le judas confirme que la voie est libre. Après avoir claqué la porte derrière lui, il regarde sa petite note : « Pour Peter, je suis avec Susanne. Je reviens dans deux semaines. Gert. » Il secoue la tête et sourit victorieusement avant de quitter l'immeuble à vive allure.

C'est un homme élégant et plein de charme qui prend la fuite. Il n'est plus en sécurité à Berlin.

Gert Postel est l'enfant unique d'un mécanicien et d'une couturière. Il est né à Brême le 18 juin 1958. Il grandit dans le paisible village de Stuhr et entretient avec son père une relation difficile et sans affection. En revanche, il est très proche de sa mère qu'il adore et admire car elle essaye de tout faire pour s'en sortir. Pourtant, elle n'y parviendra jamais avec le petit salaire d'ouvrier de son mari. Postel termine ses études secondaires, puis suit des cours du soir. Les mathématiques et les chiffres ne sont pas son fort mais il s'en sort malgré tout. Il obtient son certificat de fin d'études secondaires et envisage de devenir policier ou douanier. Malheureusement, son père s'y oppose. Il veut que Gert travaille à la Poste fédérale allemande. Le jeune homme obéit et, à la fin des années 1970, il termine une formation de facteur. Il devient un excellent facteur, mais il n'est pas heureux. Comme sa mère, il a des ambitions plus élevées dont il sait qu'il ne pourra jamais les atteindre avec son niveau d'éducation actuel. Les efforts et les échecs de sa mère bien-aimée semblent se répéter dans la vie de Gert.

En 1979, le père et le fils découvrent le corps de leur épouse et mère, au bout d'une corde. Elle s'est pendue au-dessus de la baignoire. Un choc terrible ! Une perte indicible que le jeune homme ne surmontera jamais jusqu'à la fin de sa vie. C'est à ce moment-là que naît sa haine pour les psychiatres et les médecins en général. Gert croit savoir pourquoi sa mère, qui souffrait de dépression, a choisi de se suicider : un médecin lui avait prescrit des médicaments pour augmenter sa vitalité, mais pas pour soulager sa dépression, lui donnant ainsi la force physique de se suicider. Une erreur d'appréciation impardonnable concernant la santé de madame Postel et un tournant dans la vie du jeune homme.

Gert Postel désire s'élever socialement, avoir un métier plus prestigieux. Alors le facteur malheureux commence à lire des quotidiens renommés et à nouer des contacts avec des universitaires, des médecins, des avocats. Il se rend dans un sauna fréquenté principalement par des personnes qui appartiennent au milieu auquel il veut accéder. Tous les gens sont égaux dans un sauna. C'est un endroit où l'on peut parler librement, se faire passer pour qui l'on n'est pas vraiment et se faire de nouveaux amis. Son plan fonctionne parfaitement.

Il finit par obtenir des emplois en utilisant des combines plus ou moins grosses. Les contacts qu'il a dans le sauna lui ouvrent des portes. Il n'a ni la formation adéquate, ni l'expérience dans les postes qu'il accepte. Il sait cependant que s'il est démasqué, il n'aura qu'une petite amende à payer pour usage non autorisé d'un diplôme universitaire. Rien ne peut l'empêcher d'essayer de prouver qu'il est largement supérieur aux autres, surtout à ceux qui se croient meilleurs que lui parce qu'ils ont reçu une formation supérieure. Selon Gert, il doit être clair pour tout le monde que les études de médecine ne sont pas sérieuses sur le plan de la formation générale. Certes, les médecins peuvent être instruits, mais c'est une exception, surtout en psychiatrie.

Fin 1982, Postel, âgé de 24 ans, pose sa candidature au poste de médecin adjoint à Flensburg. Dans le cadre de la procédure, il soumet calmement des documents falsifiés : l'ancien facteur se fait appeler docteur Clemens Bartholdy, fils d'une conseillère médicale et d'un directeur d'hôpital, âgé d'une trentaine d'années. Bartholdy possède un curriculum vitae sans faille, que Postel étaye avec des résultats d'examens et des certificats. C'est un délit mais c'est fait de manière remarquablement intelligente : Postel présente en effet un véritable diplôme de doctorat. Pour cela, le jeune homme a appelé la faculté de médecine de Hanovre en se faisant passer pour un employé du tribunal de Brême. Il a prétendu que le tribunal en question menait une procédure contre un prévenu accusé de faux et d'escroquerie. Dans le cadre de cette procédure, la copie d'un diplôme de doctorat tamponnée et scellée est demandée. Afin de s'assurer qu'aucun nouveau délit ne puisse être commis, le tribunal envoie un coursier pour prendre ce document. Postel monte alors dans sa voiture et se rend à Hanovre pour récupérer le diplôme en question.

Lors de l'entretien d'embauche au service de santé de Flensburg, on demande à Postel, alias Bartholdy, quel était le sujet de son doctorat en psychologie : « La distorsion cognitive dans la formation de jugements stéréotypés » répond-il. En réalité, une suite de mots creux, mais vu ses qualifications on ne lui demande pas de préciser.

La stratégie est payante et le jeune homme obtient le poste. Wolfgang Wodrag, le responsable du recrutement, néglige le fait qu'il ne dispose pas encore de tous les documents nécessaires concernant le nouveau médecin. Postel comprend vite pourquoi Wodrag était tout à fait prêt à lui confier le poste de médecin adjoint à Flensburg : désormais, le docteur Bartholdy est chargé de procéder aux examens de santé des prostituées et des strip-teaseuses, entre autres. Un tâche à laquelle la plupart des médecins se dérobent volontiers. Bartholdy n'aime pas forcément cette activité non plus, mais dans son cabinet, il voit la différence. Pendant qu'il est de service, seulement 10% des demandes de placement en psychiatrie sont approuvées au lieu de plus de 95%.

Bien qu'il paraisse souvent peu sûr de lui aux yeux de ses collègues du département de santé, il ne commet pas d'erreur grave car le faux médecin compense son ignorance par des enquêtes diligentes. Il appelle les médecins de famille et leur demande les résultats des patients en question. Il établit ainsi ses « propres » rapports médicaux. Wodrag, le responsable, ne se doute de rien car s'il y a bien une chose que le faux médecin Bartholdy sait faire, c'est noyer le poisson. De jour en jour, Postel est plus confiant et sûr de lui. Il postule donc pour un emploi à la clinique neurologique universitaire de Kiel… et il est choisi pour le poste parmi un grand nombre de candidats. Pourtant, même s'il pense le contraire, Gert Postel n'est pas infaillible. Un jour, il perd son portefeuille devant l'entrée du poste de police de Flensburg. Il y avait souvent travaillé avec les policiers en tant que médecin. Les policiers sont stupéfaits lorsqu'ils ouvrent le portefeuille et trouvent à l'intérieur une carte d'identité au nom de Gert Postel et une carte de médecin au nom du docteur Clemens Bartholdy, avec des photos d'identité identiques. L'histoire va en justice et un procès s'ensuit, mais la sanction pour le faux médecin est relativement légère. Il est condamné à payer une amende… probablement afin d'éviter que le procès ne prenne des proportions démesurées et ne nuise encore plus à la réputation de Flensburg.

Vers la fin des années 1980, Postel élabore un nouveau plan : il décide d'étudier la théologie à Münster et de devenir prêtre. Les documents et certificats requis pour l'inscription sont, bien sûr, tous falsifiés. Des règles claires et une hiérarchie bien établie, voilà ce que le jeune homme roublard apprécie dans l'Eglise, même si l'on n'imagine pas forcément un tel personnage aux valeurs douteuses comme porte-parole de Dieu. Bien sûr, il aurait pu s'engager dans l'armée, mais marcher dans la boue et nettoyer des fusils ne sont pas des tâches pour Gert Postel. Pendant ses études de théologie, il use de ses ambitions mondaines pour prouver qu'il vaut mieux que les autres. Il fait valoir qu'il souhaite une audience privée avec le pape Jean-Paul II et parvient à persuader l'évêque de Münster de lui délivrer une lettre de recommandation. Et, en effet, Postel se rend à Rome et rencontre le pape, comme en témoigne une photo souvenir. Mais de retour à Münster, une mauvaise surprise l'attend : pendant son séjour à Rome, le doyen de la faculté a eu vent des manœuvres frauduleuses et des documents de candidature falsifiés de l'ancien facteur. Il est exclu du collège catholique. L'ex-futur prêtre n'en subit aucune conséquence juridique.

En 1993, Postel s'installe dans la très cosmopolite ville de Berlin. A peine arrivé, il est surpris en train de voler un journal dans un supermarché. Il est ensuite accusé à plusieurs reprises de vol à l'étalage, mais Gert est rusé et sait toujours comment se tirer d'un mauvais pas. Pour cela, il a recours à son arme favorite : le téléphone. Une des caractéristiques de son modus operandi est qu'il essaie toujours d'entrer en contact par téléphone avec des personnes dont il exploite ensuite, sans vergogne, la bonne nature et la loyauté.

Postel prend la posture, bien droite, il se racle brièvement la gorge, ajuste ses lunettes et appuie rapidement sur quelques touches du téléphone. Il écoute attentivement la sonnerie jusqu'à ce que quelqu'un décroche le combiné : « Bonjour, dit-il, ici le Juge Blöddorn, président du tribunal des assesseurs non professionnels de Hambourg ». Gert Postel se présente avec assurance au procureur principal de son procès pour vol. « Je vous appelle au sujet de la procédure contre Gert Postel. Ici à Hambourg, il y a eu une audience principale contre le délinquant. Il a été condamné à deux ans de prison. » Il sait très bien en effet que la procédure sera abandonnée à Berlin, compte tenu de la peine de prison déjà infligée. Le procureur remercie le juge Blöddorn pour son appel et assure qu'il va proposer l'abandon de la procédure en cours à Berlin contre Postel. Mais le juge Blöddorn joue la prudence, il appelle d'autres employés du tribunal à Berlin et présente son histoire de procès qui a déjà eu lieu et de condamnation à deux ans de prison. Comme cela arrive si souvent, il obtient exactement ce qu'il veut. Personne ne vérifie si le numéro de dossier mentionné est correct ou s'il existe un juge Blöddorn à Hambourg. Le procès contre Postel est abandonné.

En 1995, Gert Postel décide de reprendre un travail régulier. Il postule à un poste de médecin-chef dans une clinique psychiatrique de Leipzig. Avant, il a pris la précaution de passer un coup de fil au professeur von Berg, médecin principal à la clinique neurologique universitaire de Münster. Le docteur von Berg appelle Leipzig et dit au directeur de l'établissement psychiatrique qu'il a pris connaissance de l'offre d'emploi et qu'il souhaite maintenant, de manière collégiale, recommander un médecin de sa clinique pour le poste. Il préférerait continuer à l'employer dans son institut, mais le personnel de la clinique doit être réduit de manière drastique pour raisons financières. Le docteur Gert Postel se rend aussitôt en Saxe, dans l'ancienne RDA, pour se présenter personnellement au directeur.

Postel est à n'en pas douter un acteur de talent. Le voilà revenu une fois de plus dans la peau d'un médecin, le rôle qu'il aime, décidemment, le plus jouer. Plus sûr de lui que jamais, il n'utilise plus de pseudonyme. Il est maintenant sûr de sa cause et, d'une certaine manière, il n'a pas tort car il obtient le poste sans avoir à faire d'effort particulier. Ses références falsifiées parlent d'elles-mêmes. Ses manières charmantes et engageantes font le reste. Le directeur et les autres médecins sont immédiatement séduits par ce nouveau collègue ouest-allemand qui est responsable des départements neurologique et psychiatrique de la clinique.

Mais bientôt, des frictions s'installent entre Postel et les autres employés. Il se chuchote que le Docteur Postel croit tout savoir, et mieux que quiconque. On le traite de monsieur « je sais tout ». Il semble également un peu fainéant car il laisse ses subordonnés faire les examens médicaux, les présentations de médicaments et toutes autres choses qui doivent être faites dans le quotidien d'une clinique. Il se contente de déléguer et se consacre principalement aux tâches administratives et à la rédaction des rapports sur ses patients. Gert Postel finit par pousser le bouchon encore plus loin, en agissant en tant qu'expert psychiatre dans de nombreuses affaires judiciaires. Sa tâche consiste à évaluer la culpabilité de l'accusé. Le faux docteur semble si sûr de lui que personne ne doute de ses conclusions ou n'ose remettre en question son autorité. Il est étonnant qu'au cours de son activité de médecin, personne n'ait pu trouver un cas où un patient aurait subi un préjudice de santé par sa faute. Finalement, il commence à se demander s'il n'est pas un imposteur au milieu d'autres imposteurs. Après tout, ses collègues médecins prétendent qu'ils sont capables de guérir les gens, mais si lui, un facteur, est également capable de le faire, alors peut-être les patients guérissent-ils tout seuls, avec ou sans psychiatre ? Postel voit dans cette hypothèse une légitimation suffisante pour poursuivre ses activités sans état d'âme.

Au cours de l'été 1996, le docteur Postel est au sommet de sa carrière. Il est satisfait de son travail et sur le point d'être promu à la tête d'une clinique médico-légale à Dresde. Il se sent flatté mais feint la modestie. Il dit être encore jeune et ne pas avoir l'expérience professionnelle nécessaire pour occuper un tel poste. De plus, il ne travaille à la clinique de Leipzig que depuis six mois. Intérieurement, il se réjouit du fait que des médecins de haut niveau le supplient littéralement, lui, un facteur, d'accepter le poste à Dresde en raison de ses compétences médicales. Pourtant il décline l'offre. Le docteur Postel se sent bien dans la clinique de Leipzig et l'offre d'un poste de médecin-chef ne le séduit pas.

Ce n'est plus qu'une question de temps avant que sa chance ne tourne.

La clinique psychiatrique de Leipzig envisage de créer une clinique de jour afin de proposer des thérapies ambulatoires. Le hasard fait que lors d'une visite à ses parents à Flensburg, une jeune assistante leur apprend que le docteur Gert Postel va diriger cette nouvelle structure. Le père de la jeune femme à un doute ! Postel ? A Flensburg, ce nom est resté dans les mémoires car en 1982 et 1983, quelqu'un s'était fait passer pour un médecin, le docteur Clemens Bartholdy. L'imposteur ne s'appelait-il pas Postel ?

Ainsi un matin, le docteur Gert Postel arrive sur son lieu de travail à la clinique de Leipzig. Il se dirige vers le bureau du directeur le plus naturellement du monde. Il est en effet le seul à pouvoir se présenter à l'improviste à son bureau à tout moment, et il est toujours le bienvenu. Mais ce matin, tout est différent. Lorsque Postel arrive à l'accueil, la secrétaire le fixe avec un mélange d'étonnement et d'incrédulité. Brusquement elle chuchote avec excitation : « Pour l'amour du ciel, n'entrez pas. Le patron est bizarre aujourd'hui. Je ne l'ai jamais vu comme ça ! » Postel la regarde pendant quelques secondes, puis son visage pâlit. La panique l'envahit et une sueur froide commence à dégouliner dans son dos. Il est fichu. Il le sent et son intuition ne le trompe jamais. Il n'a pas besoin d'autres précisions. Il travaille ici depuis un an et demi. Il s'y sent bien et est apprécié de ses collègues. Mais tout est fini. Il quitte précipitamment la clinique, monte dans sa voiture et s'en va. Dans ses bagages il emporte les 80 000 marks qu'il a économisés. Sa destination : Berlin. La ville est grande, il doit maintenant se cacher. Dans son esprit rôde la peur de la prison. Une peur paralysante, proche de la panique.

Mais que s'est-il passé ? En fait, le directeur de la clinique a reçu un appel de Flensburg et les mots de son interlocuteur ont fait s'écrouler le tissu de mensonges de son médecin chef : « Vous ne savez évidemment pas que votre médecin-chef est un facteur. »

À quelques pas du Kurfürstendamm, une grande avenue de Berlin, Postel loue un petit appartement sous un faux nom. Petit à petit, il retrouve la paix. Pendant un temps, l'anonymat de la grande ville agit comme un pansement sur une plaie infectée et douloureuse.

Mais ce calme retrouvé ne dure pas longtemps. Le soir du 24 novembre 1997, le portrait de Postel apparaît sur l'écran d'une émission de télévision « Fahndungsakte », consacrée à la quête de criminels et autres personnes recherchées. Quelques jours plus tard, la police se présente à la porte de Postel et lit la note indiquant que le fraudeur est absent pour deux semaines.

Pour savourer son triomphe sur les fonctionnaires « stupides », la première chose que fait le fugitif est de se rendre dans une cabine téléphonique. Il appelle le commissaire responsable de la venue des policiers le matin même.

– Ici Postel. Je voulais me plaindre. Ce n'était pas très gentil d'envoyer des policiers chez moi si tôt le matin et de me déranger.

– Ah, monsieur Postel ! On vous a enfin attrapé ! répond le commissaire à l'autre bout de la ligne.

– Et vous appelez de la garde à vue maintenant ? s'enquiert l'avocat.

Postel éclate de rire et lui raconte l'histoire qui s'est déroulée quelques minutes plus tôt. Le commissaire, connu pour être un homme calme et posé, perd son sang-froid et se met en colère, pour le plus grand plaisir de Gert Postel. Il raccroche, quitte la cabine téléphonique et file à l'aéroport. Il va ainsi voyager à travers l'Allemagne au cours des semaines et des mois à venir. Lorsqu'il loue un logement, il utilise les noms des policiers qui, au même moment, le recherchent fébrilement.

Après onze mois, la cavale du faux médecin se termine dans une cabine téléphonique de Stuttgart. Une amie du fugitif l'attire dans un piège. Elle lui dit qu'elle n'est pas bien et lui demande de l'appeler à certaines heures. C'est ce qu'il fait jusqu'à ce que, lors de l'un de ces appels, il aperçoive soudain le canon d'un pistolet. Rapidement et comme dans un scénario de cinéma, un groupe d'intervention entoure la cabine téléphonique et arrache la porte. Postel est interloqué. Il ne s'attendait pas à être trahi par cette amie. Après tout, elle était déjà au courant de ses manigances avant sa fausse candidature à l'hôpital psychiatrique de Leipzig et lui a même rendu visite plusieurs fois sur son lieu de travail. L'imposteur laisse tomber le combiné du téléphone, qui se balance maintenant au bout du fil. Un silence inquiétant s'installe avant que Postel ne lève lentement les mains au-dessus de sa tête en signe de capitulation. La partie est terminée.

Le procès du faux médecin a lieu au tribunal de district de Leipzig ; il est accusé de soixante-cinq cas de fraude et de falsification de documents. Cela correspond à une longue carrière. L'affaire passionne les médias et l'ancien facteur se pavane sous les flashs des photographes. Il ne semble pas malheureux. Comment pourrait-il l'être alors qu'il est au centre de l'intérêt public ? A la fin du procès, le verdict est rendu au nom du peuple allemand: Postel est condamné à quatre ans d'emprisonnement.

Contrairement à ses craintes, Postel ne trouve pas son séjour en prison si difficile. Il utilise son temps libre pour étudier la philosophie de Schopenhauer. Depuis 2001, l'ancien facteur est en liberté surveillée. Il écrit des livres, donne des interviews et des conférences sur l'époque où il était « imposteur parmi les imposteurs ».

On souffre autant des lois aujourd'hui, qu'autrefois on souffrait des crimes.

Publius Cornelius Tacitus (58 AD - 120 AD)

CHAPITRE 2

Une vie déchirée

Anna T. se rend à l'Hôtel de ville de Berlin un peu avant 13 heures, le 29 janvier 2018, pour déjeuner à la cantine. La jeune femme de 33 ans travaille au bureau d'état civil dans le quartier de Berlin-Mitte, à quelques centaines de mètres de là. La Grunerstrasse, large avenue à plusieurs voies, passe entre les deux bâtiments. Au milieu, un terre-plein sert de zone de stationnement. A cette heure-là, la circulation est dense. Un flot de voitures sort du tunnel près de l'Alexanderplatz en direction de la Leipziger Strasse. La prudence est de rigueur.

Anna traverse donc l'avenue en faisant attention. Lorsqu'elle atteint le terre-plein central, elle regarde autour d'elle. Pas de voiture en vue, à part une Renault Clio blanche qui cherche une place de parking. Au loin, Anna entend une sirène.

Elle pose un pied sur la chaussée et a déjà fait trois pas lorsqu'une voiture de police fonce sur elle venant de droite. Le son de la sirène est assourdissant et vrille ses tympans.

Choquée, Anna fait un bond en arrière et voit la voiture de police percuter la portière conducteur de la Renault Clio blanche. Les débris volent dans tous les sens, les pneus roulent sur la route. La voiture de police pousse la Renault quelques mètres plus loin, puis les deux véhicules s'immobilisent. Si Anna T. avait hésité une seconde de plus, elle serait probablement sous l'une des voitures.

Après s'être remise du choc, la jeune femme se précipite vers la portière complètement défoncée du conducteur de la Renault Clio. Une jeune femme est assise derrière le volant. Elle semble indemne mais elle est inconsciente. Anna T. tente de dégager la femme du véhicule, mais ne réussit pas à ouvrir la portière endommagée par la collision. Elle essaie alors d'ouvrir côté passager, sans succès. Un passant se précipite pour aider la jeune femme bouleversée par la scène. Pendant qu'il s'occupe de la conductrice blessée et alerte les secours, Anna T. tente en vain d'arrêter les voitures qui passent pour trouver de l'aide.

Lorsque les secours arrivent quelques minutes plus tard, le lieu de l'accident grouille déjà de monde. Quelqu'un a réussi à dégager la jeune conductrice et les passants lui administrent les premiers soins. La Grunerstrasse est bouclée et la police enregistre les témoignages. Les deux hommes dans la voiture de patrouille qui a failli renverser Anna sont l'inspecteur en chef Peter G. et un jeune policier stagiaire du quartier général de la police, situé non loin de l'Alexanderplatz. Vers 13 heures, ils ont été appelés pour un vol dans le « Mall of Berlin », un centre commercial situé sur la Leipziger Platz. Les deux policiers, qui viennent juste de prendre leur service, ont allumé le gyrophare bleu et la sirène et traversent à toute allure le tunnel qui mène à la Grunerstrasse. À quelques mètres de là, la jeune femme dans la Renault Clio blanche cherche une place pour se garer sur le terre-plein central. Elle roule lentement sur la voie extérieure, puis tourne soudainement à gauche, au moment où la voiture de patrouille sort du tunnel. Peter G. n'arrive pas à freiner l'Opel à temps et heurte de plein fouet la portière conducteur de la Renault Clio. L'issue de ce terrible accident est fatale pour la jeune conductrice qui meurt sur les lieux après que les secouristes ont tenté de la réanimer pendant de très longues minutes. Peter G. et son collègue sont indemnes, à l'exception d'un poignet cassé pour le jeune stagiaire. Ils sont transportés à la clinique Virchow de l'hôpital de la Charité vers 14 heures. Trois heures plus tard, aux environs de 17 heures, ils quittent l'hôpital.

À peu près à la même heure, vers 17h30, Britta M. se rend chez son kiné. Avant de refermer la porte de son appartement, elle tape rapidement un message WhatsApp sur son téléphone, adressé à sa fille, Fabien : « Il me tarde de savoir comment les choses se sont passées. » écrit-elle.

Ce jour-là, Fabien, 21 ans, s'est rendue à la Postbank sur Alexanderplatz pour ouvrir un compte en banque, car elle est sur le point de prendre en gérance un café renommé à Checkpoint Charlie. En fait, elle ne voulait pas reprendre le magasin avant le mois de mars, mais le locataire précédent ayant été licencié de manière inattendue, l'occasion s'est présentée de transformer son rêve en réalité plus tôt que prévu.

Ses parents, Britta et Christian, ne sont que modérément enthousiastes face à ce projet précipité, car Fabien voulait prendre quelques jours de vacances. « Refuse Fabi », lui a conseillé sa mère. Mais rien n'arrête la jeune femme qui veut travailler, économiser et faire ses preuves en tant que responsable, puis franchir la prochaine grande étape de sa vie en 2019 : entreprendre une formation dans la police de Berlin.

Le fait que Fabien ne réponde pas immédiatement à son message n'inquiète pas Britta ; elle sait que sa fille est très occupée en ce moment.

Sans se douter de rien, Britta dit au revoir à son mari, ferme la porte de l'appartement et se dirige vers l'ascenseur. Elle appuie sur le bouton d'appel et attend. Lorsque les portes s'ouvrent un instant plus tard, deux femmes policiers et deux femmes travaillant au service social en sortent. Elles marmonnent un rapide bonjour, et Britta rentre dans l'ascenseur. Du coin de l'œil, elle voit les femmes se diriger vers son appartement.

— Excusez-moi, dit-elle, vous me cherchez ?

– Vous êtes madame M. ?

– Oui !

– Pouvons-nous entrer un instant ?

– De quoi s'agit-il ?

– Nous préférons vous l'expliquer à l'intérieur.

L'estomac de Britta se noue instantanément. Elle ouvre la porte de l'appartement et invite les agents à entrer.

– Vous n'allez pas me dire qu'il est arrivé quelque chose à ma fille, n'est-ce pas ? demande Britta, qui craint déjà la réponse.

– Hélas, je suis désolée, répond l'une des policières, votre fille a eu un grave accident avec une voiture de patrouille. Elle n'a pas survécu.

Britta s'effondre.

– Ce n'est pas possible ! rugit Christian en renversant la table du salon.

Des assiettes, des verres, des télécommandes ainsi qu'un ordinateur portable volent à travers la pièce et tombent sur le sol.

– Où est-elle ? Je veux la voir. Maintenant !

– Ce n'est pas possible, Monsieur M., le corps a été emporté.

– Non, non, non ! répète Christian, au bord des larmes, vous devez vous tromper !

Les mains tremblantes, il attrape le téléphone et appelle tous les hôpitaux. Mais au bout de quelques longues minutes, Britta et Christian doivent se rendre à l'évidence. Leur fille est morte.

Le couple passe la soirée en prenant des tranquillisants, les yeux tournés vers la porte, dans l'espoir d'entendre à tout moment une clé dans la serrure. Mais elle reste silencieuse, toute la nuit.

Le lendemain matin, Britta et Christian se rendent au commissariat pour récupérer les affaires de Fabien. Là, ils sont informés des circonstances de l'accident et apprennent que la collision aurait pu être évitée.

La veille, après que les premières informations ont filtré, une rumeur a circulé selon laquelle Fabien était responsable de l'accident. Cette rumeur ne vient pas de la presse, mais des collègues de Peter G. Selon les policiers, le smartphone de la jeune femme se trouvait sur le sol, entre ses pieds. On pense donc qu'elle avait coincé son téléphone entre son épaule et sa tête pour passer un appel. Britta et Christian sont horrifiés. Leur fille n'a jamais téléphoné en conduisant. Ils protestent et engagent un avocat.

Entre-temps une enquête a été ouverte concernant l'inspecteur en chef de 52 ans. On suppose que Peter G. conduisait très vite. Bien que les policiers soient autorisés à dépasser les limitations de vitesse lorsqu'ils utilisent le gyrophare, ils doivent quand même être prudents quand ils sont en service et veiller à ne mettre personne en danger. L'article 222 du code pénal prévoit que « quiconque cause la mort d'une personne par négligence est passible d'une peine d'emprisonnement de cinq ans au maximum ou d'une amende. » Cela s'applique également aux agents de police. Mais Peter G. était-il vraiment en excès de vitesse ?

Un expert conclut que Fabien n'a pas passé de coup de téléphone ou envoyé de message avant sa mort ; un test d'alcoolémie se révèle également négatif. La boîte noire de sa voiture enregistre une vitesse de 27 km/h au moment de la collision. Fabien roulait donc moins vite que les 50 km/h autorisés dans la Grunerstrasse. Peter G. et son collègue, en revanche, roulaient à 136 km/h, et la vitesse au moment de la collision était de 93 km/h, comme le montre l'analyse des données de la voiture de patrouille.

Les médias ont eu vent de l'enquête grâce à cette expertise et discutent âprement pour savoir qui est responsable de l'accident. Pendant ce temps, Peter G. fait profil bas et ne dit pas un mot sur le fait qu'il a percuté la voiture d'une jeune femme lors d'une intervention urgente et qu'elle est décédée. Toutefois, une publication sur Facebook, que l'inspecteur en chef a mise en ligne une semaine après l'accident, donne lieu à des spéculations : « Je suis heureux que la #FamillePolice existe. Merci à vous qui êtes là en ce moment, à vos risques et périls. »

Lorsqu'ils lisent ces mots sur le profil de Peter G., les parents de Fabien sont profondément secoués. Au lieu de poster un mot de remords ou d'excuses, le policier remercie ses collègues ! Qu'est-ce que cela veut dire ?

Afin d'en savoir plus sur cet homme qui conduisait la voiture de patrouille, Britta et Christian continuent de scroller le profil du policier. Ils tombent sur des posts qui les dérangent profondément.

Peter G. semble être un homme en colère, frustré par une société qui ne respecte pas assez la police et qui n'est même pas capable de se comporter décemment lors d'un contrôle routier. Il rend ses « congénères humains efféminés » responsables du surplus de travail de la police.

« Les heures supplémentaires sont dues de plus en plus souvent à des conneries sans intérêt », écrit-il dans un autre message sur sa page Facebook. Et plus loin, « les citoyens impuissants pleurnichent et pensent que la police doit intervenir parce qu'eux-mêmes ne veulent pas se salir les mains. »

Peter G. aurait dit à sa femme que « si quelqu'un se tient à dix mètres de toi avec un couteau, il faut juste sortir son arme et tirer. » Sans évoquer l'idée de désamorcer la situation verbalement.

A maintes reprises, l'homme s'emporte également contre les hommes politiques qui, selon lui, l'ont laissé tomber. Il remet en question les statistiques sur la criminalité berlinoise et estime que la ville a capitulé devant les délinquants. Les policiers comme lui doivent

« faire des heures supplémentaires inutiles » et se mouiller pour satisfaire à une « politique de la gentillesse ». Il serait heureux d'utiliser la force si une personne arrêtée le provoquait. « En fait, la gauche s'agite en ce moment, mais nous sommes des professionnels... la plupart du temps. », écrit-il.

Peter G. s'adonne également à son hobby, la photographie, sur son profil Facebook. Il privilégie des sujets lugubres et morbides qu'il traque dans les pubs et les bars branchés. Sur certaines images, l'inspecteur en chef prend la pose : revolver sur la tempe, torse nu, petite barbichette et quatre boucles sur l'oreille gauche.

Sur une autre photo, il apparaît avec une hache, citant une réplique du film *Django Unchained* : « La guerre est une sale affaire. Je suis d'accord avec ça, Maintenant, ça va être sale. »

Le policier décrit ses autoportraits comme des œuvres d'art ; il consacre des heures à les retravailler sur l'ordinateur, comme pour la photo de profil de sa page Facebook, qu'il a prise sur le balcon de sa maison. Il fixe l'objectif d'un air mauvais, a une capuche sur la tête et porte un long bouc. Avec Photoshop, il a souligné son visage maigre, a converti la photo en noir et blanc sur un fond complètement noir. En 2016, cette image est même devenue un motif de tatouage populaire aux États-Unis. Les supérieurs de Peter G. sont au courant du hobby inhabituel de leur collègue, mais ils semblent fermer les yeux. Ils lui demandent simplement de ne pas « aller trop loin ».

Plus l'enquête se prolonge et plus ils lisent de messages Facebook de Peter G., plus Britta et Christian M. ont un terrible soupçon : l'inspecteur en chef était-il dans son état normal le 29 janvier 2018 ? Était-il sous l'emprise de l'alcool lorsqu'il a percuté la portière conducteur de la Renault Clio de Fabien à plus de 90 km/h ? Leur intuition leur dit que quelque chose ne tourne pas rond.

Les amis et collègues de Peter G. en revanche, le voient sous un jour complètement différent. Ils le décrivent comme quelqu'un de « formidable, juste et au grand cœur » qui se soucie de ses camarades et est toujours prêt à donner un coup de main.

En outre, s'il arrive à Peter G. de « boire un verre » et parfois même « un de trop », n'est-ce pas ce que font de nombreux policiers surtout lorsqu'il leur arrive quelque chose de grave sur le terrain ? Le sang, la mort, la violence, autant de choses que les « gens normaux » ne voient pas mais qui sont le quotidien des forces de l'ordre. Alors, il arrive parfois que le chef leur offre un verre. Mais l'inspecteur en chef est-il vraiment sans scrupules, au point de se présenter ivre au travail et de mettre en danger la vie des autres ?

En septembre 2018, l'avocat de la famille M. a accès au dossier d'enquête de Peter G. Il constate que le dernier document qui a été classé est le rapport d'accident qui date de juillet 2018. Selon ce rapport, il ne s'est rien passé pendant près d'un mois et demi. L'expertise, qui confirme notamment que Peter G. roulait trop vite, est suffisante pour inculper l'inspecteur en chef. Toutefois, le bureau du procureur ne demande pas le passage devant le tribunal de district de Tiergarten.

L'avocat de la défense demande par écrit une analyse de sang et exige d'autres investigations qui, selon lui, sont nécessaires de toute urgence. Quelques semaines plus tard, le ministère public explique qu'un test sanguin sur Peter G. n'est pas possible en raison de « dispositions légales ». Les premiers indices selon lesquels Peter G. était alcoolisé au moment des faits avaient déjà fait l'objet d'enquêtes dans le service de police où il était employé. Aucun test d'alcoolémie n'avait toutefois été effectué, car aucune odeur d'alcool n'avait été détectée et il n'y avait pas de raison de supposer que Peter G. était ivre pendant son service.

Plus de sept mois après l'accident, l'avocat de la famille M. et le ministère public reçoivent une information inattendue, et anonyme, de l'hôpital de la Charité à Berlin. Une odeur d'alcool ayant été détectée, un échantillon de sang avait été prélevé sur Peter G. Il n'existe toutefois aucune preuve qu'un tel examen ait effectivement été effectué, car l'hôpital n'a pas le droit, pour des raisons de protection des données, de transmettre de son propre chef des dossiers de patients à des tiers, ainsi qu'au ministère public et à la police.

Mais au début de l'année 2019, le ministère public effectue une manœuvre qui lui permet d'obtenir le dossier du patient Peter G. via une ordonnance du tribunal. Une procédure préliminaire est ouverte contre des employés de l'hôpital soupçonnés d'entrave à la justice. Officiellement, il est dit que l'on soupçonne la Charité Berlin d'avoir délibérément omis de joindre le résultat du test, éventuellement positif, au dossier de Peter G. afin de « dissimuler son alcoolisation et d'éviter qu'il soit puni. »

Une fois que le parquet a saisi et étudié le dossier de Peter G., il n'y a plus aucun doute. Le test montre une alcoolémie de 1,1 g mesurée une heure après l'accident. Il est impossible de dire si l'inspecteur en chef avait bu juste avant de prendre son service ou si son sang contenait encore des restes d'alcool de la veille au soir. Cependant, il est évident que Peter G. était inapte à conduire au moment de l'accident. En plus de l'accusation d'homicide involontaire, une procédure est donc ouverte contre le chef de la police pour ivresse au volant et mise en danger de la vie d'autrui. Dans le même temps, il est libéré de ses fonctions de policier avec l'intégralité de son salaire. Un premier pas vers la suspension définitive.

Peu de temps après, les médias sont informés de la chose, et les caméras défilent devant la porte de l'appartement de Peter G. à Prenzlauer Berg. L'inspecteur en chef n'a d'autre choix que de quitter la ville sans attendre.

Mais avant de partir, il reçoit une nouvelle visite de la police, qui lui met sous le nez un mandat de perquisition. Entre-temps, le parquet a pris connaissance des photos publiées sur sa page Facebook et l'accuse de détention illégale d'armes. Lors de la perquisition, les policiers saisissent deux coups de poing américains, dont la possession est illégale. Peter G. doit payer une amende de 1700 euros.

Le 27 octobre 2020, le procès s'ouvre devant la cour élargie des assesseurs non professionnels du tribunal de district de Tiergarten à Berlin. Le procès devait commencer le 17 mars 2020, mais en raison de la pandémie de COVID-19, il a été reporté.

Plus de deux ans se sont écoulés depuis l'accident ; les plaies ne sont toujours pas refermées. Christian M. se rend presque tous les jours à l'endroit où sa fille est morte ; c'est là qu'il se sent le plus proche d'elle.

Christian et sa femme Britta attendent le procès avec confiance et espèrent un verdict en leur faveur. Pourtant, ils vont être confrontés à un revers majeur : le résultat de l'alcootest de Peter G. ne pourra pas être utilisé. Le tribunal a jugé que le ministère public avait obtenu le dossier illégalement. L'accusation de mise en danger de la vie d'autrui pour conduite en état d'ivresse n'est donc pas retenue et Peter G. est uniquement accusé d'homicide involontaire.

L'homme est assis, voûté, sur le banc des accusés du hall 135. Derrière lui, les caméras des journalistes n'arrêtent pas de tourner. Il porte une chemise gris anthracite, ses cheveux gris sont soigneusement coupés court. Il porte toujours ses boucles d'oreilles noires à l'oreille gauche et il a des lunettes de lecture sur le nez. Pendant que les journalistes sont dans la salle, Peter G. garde son masque. Il l'enlèvera plus tard au cours du procès.

C'est la première fois que le prévenu fait face à ses victimes. Non seulement Britta et Christian M., mais aussi Fabien, qui sourit sur une grande photo dans la salle d'audience.

Sa mère a placé la photo de manière à ce que Peter G. et le juge puissent voir clairement le visage de la jeune femme. Fabien était heureuse et avait tant de choses à réaliser encore. Le prévenu doit sentir qu'il a sa mort sur la conscience.

Après la lecture de l'acte d'accusation, l'avocat de Peter G. s'adresse à Britta et Christian M. au nom de son client. L'ancien agent des forces de l'ordre se sent « très, très proche » de leur douleur et il est « très, très désolé » de ce qui s'est passé.

Christian ne croit pas aux remords de l'accusé. Provocateur, il lève le menton et fixe Peter G. d'un regard sans émotion. Il veut donner l'impression que ces « remords » le laissent froid. Mais Christian bouillonne intérieurement. Peter G. ne regrette rien, dit-il, sauf peut-être d'être assis sur le banc des accusés. Sa femme Britta, quant à elle, est visiblement en grande souffrance. Elle est assise sur sa chaise et pleure en silence dissimulée derrière un mouchoir.

Au cours des quatre jours du procès, plusieurs témoins oculaires de l'accident ainsi que des collègues de l'accusé sont interrogés. Le rapport d'accident est également examiné. L'accusé lui reste silencieux. Il avait déjà nié sa culpabilité deux ans auparavant dans une déclaration écrite où il était dit que Fabien avait provoqué l'accident en « n'utilisant pas le clignotant. » Peter G. avait supposé qu'avec le gyrophare et la sirène allumés, il avait la priorité puisqu'il se rendait en urgence sur un cambriolage.

Or, selon le ministère public, Peter G. aurait dû s'attendre à ce que des voitures cherchent à se garer sur le terre-plein central de la Grunerstrasse où se trouvent des parcmètres. Il y avait un virage à la sortie du tunnel, il ne pouvait pas voir correctement la route, mais il roulait néanmoins à plus de 130 km/h.

Toutes les parties impliquées dans ce procès sont sous forte tension. Mais le cinquième jour du procès, le 3 novembre 2020 à huit heures du matin, le président du tribunal reçoit un appel du prévenu, qui informe qu'il n'assistera pas au procès ce jour-là pour raisons de santé. Son avocat ajoute que son client a rendez-vous chez le médecin à midi et qu'il présentera un certificat médical dès que possible.

Le juge n'a d'autre choix que de reporter l'audience. Poursuivre le procès sans le prévenu n'est pas possible et le tribunal ne reconnaît pas d'absence non motivée.

Christian M. est indigné de cette interruption. Personne ne leur demande à eux comment ils se sentent, alors que le procès est très éprouvant.

Deux ans, dix mois et seize jours après l'accident, le 15 décembre 2020, le verdict est prononcé à l'encontre du policier Peter G. L'avocat de la défense a plaidé l'acquittement de tous les chefs d'accusation aux motifs que Fabien avait changé de voie spontanément et sans le signaler, peut-être distraite par son téléphone portable. Étant donné que plusieurs témoins ont déclaré au cours du procès qu'ils avaient très bien entendu la sirène de la voiture de patrouille, Fabien aurait également dû remarquer le véhicule de la police si elle avait fait attention à la circulation derrière elle. L'avocat de Peter G. justifie le fait que son client roulait à 130 km/h en disant qu'un policier en service n'a pas le temps de faire attention au compteur de vitesse et se fie plutôt à son instinct.

Le tribunal voit les choses différemment. « L'accident aurait pu être évité si vous aviez levé le pied à la sortie du tunnel », dit le juge en s'adressant au prévenu.

Toutefois, rien ne permet d'affirmer que Fabien a effectivement tapé un message sur son smartphone ou passé un coup de fil peu avant sa mort. En outre, tout conducteur sait qu'il est difficile de déterminer où se trouve le véhicule lorsqu'une sirène d'urgence se fait entendre. Le juge parle de « fractions de secondes ». Même si Fabien avait vu le gyrophare de la voiture de patrouille, elle ne pouvait pas deviner que Peter G. et son collègue roulaient à plus de 130 km/h. La jeune femme n'avait pas la moindre chance, selon le tribunal.

Enfin, le tribunal s'adresse une nouvelle fois en termes clairs aux autorités chargées de l'enquête, qui, selon le juge, ont fait un « travail totalement chaotique ». Peter G. aurait dû être traité immédiatement comme le responsable de l'accident et mis dans une voiture de police. Au lieu de cela, il s'est promené sur les lieux en se présentant comme celui qui avait causé l'accident, pendant que des dizaines de secouristes tentaient de sauver une vie.

Le tribunal condamne Peter G. à quatorze mois de prison avec sursis. Aucune indication de dissimulation n'ayant été trouvée, l'affaire, avec toutes ses questions sans réponse, restera largement non résolue même après le procès.

Britta et Christian, ont assisté en larmes silencieuses à l'annonce du verdict. Ils restent convaincus que Peter G. a été couvert par ses collègues. En effet, comment se fait-il que le personnel de l'hôpital de la Charité ait remarqué l'odeur d'alcool, mais pas les collègues sur le lieu de l'accident ? Britta indique qu'elle a toujours respecté la police, mais que maintenant, c'est terminé.

Néanmoins, au-delà du chagrin et de la colère, le couple a fait des rencontres touchantes. Par exemple, lorsque Christian a dû appeler la police parce qu'une voiture lui bloquait le passage, l'agent l'a reconnu pour l'avoir vu dans les médias, et a demandé à lui serrer la main en ajoutant qu'il était terriblement désolé de ce qui était arrivé à Fabien.

Si dans la plupart des procès, le verdict est la fin attendue d'une bataille juridique, dans ce cas, il annonce exactement le contraire. Le juge est certain que ce débat va se poursuivre pendant plusieurs années, en passant par différentes instances. Il est possible qu'un autre tribunal décide que le résultat de l'analyse sanguine peut être utilisé ; il faudra attendre et voir ce qui se passera.

A la fin du procès, le juge a souhaité à la famille M. de trouver enfin la paix au bout d'un long chemin pour qu'elle puisse avancer dans sa vie. Une vie dans laquelle la mort de Fabien laisse un grand vide.

Car c'est du dedans, c'est du cœur des hommes, que sortent les mauvaises pensées, les adultères, les impudicités, les meurtres, les vols, les cupidités, les méchancetés, la fraude, le dérèglement, le regard envieux, la calomnie, l'orgueil, la folie. Toutes ces choses mauvaises sortent du dedans, et souillent l'homme.

La Bible, Marc 7, 21

CHAPITRE 3

Super gentil

Tamar S. savait que cela ne durerait pas éternellement. Certains jours, la peur la rendait presque hystérique ; elle n'arrivait plus à s'accrocher à une pensée claire. La panique l'envahissait par vagues successives. Elle avait des sueurs froides et sentait le sang refluer dans ses jambes.

Maintenant, alors que tout semble terminé, elle se sent étonnamment calme malgré la rafale de flashs qui éclate quand elle sort de chez elle, les mains menottées dans le dos, escortée par les policiers. Elle est petite et menue et regarde fixement les dizaines d'appareils photo et de caméras ; la meute de journalistes lui tend des micros, lui hurle questions sur questions. Mais elle n'a pas le temps de réfléchir aux réponses ; déjà, un policier lui jette une parka grise sur la tête et la conduit vers la voiture de patrouille ; elle monte à l'arrière, derrière le siège passager. Moins de 24 heures s'écoulent avant que ne se produise ce que la psychologue de la police, Claudia Brockmann, avait prédit aux enquêteurs de la commission spéciale : maintenant que sa plus proche confidente Tamar S. n'est plus près de lui, Thomas H. va sortir de sa cachette.

Thomas H. est né le 18 février 1964. Pour sa mère, il est l'enfant tant espéré. Elle l'a aimé dès la seconde où elle a senti ses petits coups de pieds dans son ventre. Maintenant, après de longues heures de travail douloureux, elle peut enfin tenir son bébé dans ses bras, caresser ses cheveux, sentir sa peau. Elle a l'impression que son cœur va éclater d'amour pour ce petit bonhomme. Inge s'investit totalement dans son rôle de mère. Elle nourrit Thomas, le baigne, le cajole, le berce en fredonnant de gaies mélodies.

La jeune mère lit de nombreux livres et magazines sur la bonne façon d'élever un enfant. Malgré un florilège d'opinions, de points de vue et de conseils différents, les guides s'accordent au moins sur une chose : l'affection et l'attention que les parents portent à leur enfant est réciproque. Mais Inge se rend vite compte que cela ne s'applique pas à son petit Thomas. Malgré les efforts qu'elle déploie, malgré l'attention qu'elle lui porte, plus l'enfant grandit, plus il devient difficile. Il hurle sans raison, s'énerve, donne des coups de pied violents. Une vie commune harmonieuse et aimante n'est bientôt plus possible avec cet enfant tant désiré.

Thomas a 6 ans et sa mère ne sait plus comment faire face à ses crises, comment calmer ses colères. L'enfant est admis au service de psychiatrie de l'hôpital pour enfants Rothenburgsort. Après plusieurs examens et évaluations du comportement de leur jeune patient, les médecins arrivent à une conclusion : l'enfant souffre d'un trouble névrotique causé par une éducation non sécurisante de la part de sa mère. Afin de contrôler ses accès de rage, les médecins administrent au garçon de puissants psychotropes.

Mais les tranquillisants n'ont aucun effet sur les crises de folie furieuse de Thomas. Dans la maison, tout y passe. Pendant ses crises, Thomas détruit meubles et objets. Un jour, sa mère désespérée dérape et le garçon reçoit une gifle. Inge se souviendra toujours de sa réaction : l'enfant la projette contre un mur dans une telle explosion de violence, qu'il lui casse le poignet. Puis il lui crache un « Tu ne me frapperas plus jamais sans m'écouter d'abord ! »

Thomas a 10 ans quand il ressent une envie profonde de tuer pour la première fois. Une scène se rejoue sans fin dans sa tête. Il va dans la cuisine et prend dans sa main l'un des grands couteaux à découper rangés dans le tiroir. Il regarde la longue lame et observe son reflet dans l'acier poli. Son poing se resserre de plus en plus autour du manche jusqu'à ce que ses jointures blanchissent. Puis il imagine que sa jolie voisine se tient devant lui et qu'il enfonce le couteau dans son corps. Dans sa tête, il voit le regard incrédule de la femme lorsqu'il retire une première fois le couteau ensanglanté et le replonge directement dans son estomac. Il sent le sang chaud couler sur son bras.

Toutefois, du temps va encore s'écouler avant que Thomas ne transforme ses fantasmes de meurtre en réalité.

Au cours des années qui suivent, Thomas H. est toujours pris par surprise par cette irrépressible envie de tuer une femme. Un soir, après avoir préparé et mangé son repas, le jeune homme entreprend de faire la vaisselle. Soudain, il jette l'éponge dans l'évier rempli d'eau chaude et de vaisselle sale et sort en trombe de la maison. Il parcourt avidement les rues sombres à la recherche d'une victime. Ses yeux fouillent les trottoirs. Mais ce soir-là, aucune femme ne se promène seule. Déçu, il rentre chez lui et continue de faire la vaisselle.

Entre-temps, le jeune homme est devenu graphiste. Il a 23 ans quand il réussit à s'approcher d'une femme pour la première fois. Le 23 novembre 1987, Thomas H. est à nouveau pris d'une envie de tuer. Il monte dans sa voiture et roule sans but dans Hambourg-Rissen. Du coin de l'œil, il aperçoit une jeune femme qui marche sur le bord de la route. Elle attire immédiatement son attention. Elle s'appelle Luisa K. et vient d'arriver à Rissen par le train express urbain, le S-Bahn. La jeune femme a 20 ans et vit chez ses parents. Mais ce soir-là, l'étudiante n'est pas sur le chemin de la maison. Elle a rendez-vous avec une amie pour jouer au squash.

L'homme fait demi-tour, éteint les phares et s'engage dans une rue voisine. Il saisit le couteau posé sur le siège passager. Sous la menace du couteau, il oblige la jeune femme à monter dans sa voiture. Elle n'a aucune chance. Terrorisée, elle ne se défend pas contre son agresseur. Il la conduit à l'appartement qu'il a loué, au dernier étage d'un immeuble. Lorsque l'étudiante entre dans l'appartement, un radio-réveil diffuse une musique romantique et la chambre est éclairée par la lueur d'une bougie. Thomas H. dira plus tard qu'il a rendu son appartement « très confortable ». A ce moment-là, il est en proie à une lutte intérieure. La compulsion de tuer se heurte à sa conscience. « Je ne pouvais pas m'arrêter. Je savais qu'elle allait mourir, je n'avais pas d'autre choix. Je devais le faire. Je savais que quand ce serait fini, je redeviendrai Thomas H. » Ce soir-là, la propriétaire de l'appartement du dessous n'a rien entendu de l'agonie de Luisa.

Après avoir violé la jeune femme, le graphiste s'agenouille à côté de sa victime terrifiée, lui caresse les cheveux, l'embrasse sur la joue et le front et lui murmure « Bye » avant de l'étrangler avec un câble. Il parvient à faire sortir le corps de l'étudiante de l'appartement sans que personne ne le voie. Deux jours après le meurtre, des ouvriers découvrent par hasard le corps de Luisa K. près de Kaltenkirchen.

Six semaines plus tard seulement, en janvier 1988, en début de soirée, Thomas H. croise une étudiante de 19 ans à Hambourg-Wandsbek. Il la poursuit jusqu'à ce qu'il soit tout près d'elle et lui met un couteau sous la gorge. Pour montrer à la jeune fille qu'il ne plaisante pas, il entaille sa peau, puis la force à venir avec lui. D'abord sous le choc, la jeune fille ne réagit pas. Puis le réflexe de survie se manifeste et, malgré ses jambes qui flageolent, elle tente de s'enfuir en hurlant à l'aide. Personne ne l'entend et Thomas H. la rattrape après quelques mètres. Il la saisit par sa veste. La jeune femme réussit à s'arracher en glissant hors du vêtement, elle tombe, se relève et court désespérément pour sauver sa vie. Mais il la rattrape à nouveau et appuie fermement la lame du couteau contre sa gorge, l'autre main est collée sur sa bouche pour l'empêcher de crier. La jeune fille épuisée et terrifiée abandonne la lutte. Thomas H. la force à entrer dans l'appartement où il vit. Elle fait une dernière tentative en essayant de bloquer la porte d'entrée avec son pied. En vain. Compte tenu du caractère désespéré de sa situation, elle comprend en une fraction de seconde qu'elle doit être prudente, ne pas provoquer son agresseur et se plier à ses exigences.

La jeune fille tente alors d'engager un dialogue avec l'homme. « Qu'allez-vous faire de moi ? » demande-t-elle, presque dans un murmure. Sa voix menace de se briser. Thomas H. ne répond pas et va chercher deux ceintures de peignoir. Il demande à l'étudiante de s'allonger sur le ventre sur le sol du salon et il lui attache les mains derrière le dos avec une ceinture. « Qu'est-ce que vous allez faire ? » demande encore la jeune fille. « Je vais te baiser », lui murmure-t-il avant de lui enfoncer un bâillon si profondément dans la bouche que le frein de sa langue se déchire et qu'une plaie saignante apparaît. Puis il baisse son pantalon et la viole. La joue de l'étudiante frotte sur la moquette rugueuse tandis qu'elle ressent à plusieurs reprises une douleur lancinante dans son ventre. Elle tente de crier, mais aucun son ne sort de sa bouche bâillonnée. Elle va mourir, elle en est sûre. Pourtant, voilà que Thomas H. roule sur elle avec un gémissement de satisfaction, défait ses liens, lui retire le bâillon... et la laisse partir. La jeune femme ne croit pas à sa chance d'être en vie et dépose immédiatement une plainte contre son violeur. Pourtant, il faudra encore attendre plusieurs mois avant son arrestation et cela va coûter la vie à une autre femme.

Le 11 février 1988, Thomas H. repart en chasse. Il fait nuit. Il roule sur une route isolée lorsqu'il aperçoit une femme qui marche sur le bord de la chaussée. Paula S., 29 ans, revient d'une soirée et rentre chez elle à pied quand, soudain, une voiture s'arrête à côté d'elle. Un homme en sort. Elle voit dans sa main la lame d'un couteau qui scintille sous la lune. Thomas H. force cette mère de deux enfants à monter dans sa voiture. Il la conduit dans son appartement où il l'attache sur le lit, la viole et la mutile avec son couteau. Il la brûle avec des cigarettes. Après des heures de torture, il met ses mains autour du cou de la jeune femme et serre jusqu'à ce qu'elle ne bouge plus. Une nouvelle fois, il réussit à faire sortir le cadavre dénudé de son appartement sans être vu. Il jette le corps Paula S. dans un champ près de Bargfeld-Stegen, où elle est retrouvée quelques jours plus tard.

Le procès de Thomas H. pour le viol de l'étudiante de 19 ans a lieu en mai 1988 au tribunal de district de Hambourg-Wandsbek. Il garde le silence sur les accusations. Le prévenu, âgé de 24 ans, est condamné à 18 mois de prison pour agression, privation de liberté et blessures physiques mais pas pour viol. Le président du tribunal indique dans son verdict qu' « on peut douter, au sens juridique, du fait que la victime se soit volontairement livrée à un rapport sexuel ou qu'elle y ait été contrainte par la violence des événements précédents. Cependant, il faut croire le prévenu, ou du moins on ne peut pas réfuter que, dans son délire il ait sincèrement cru que la victime avait de la sympathie pour lui et a accepté d'avoir des rapports sexuels de son plein gré. »

Deux ans vont passer avant que Thomas H. ne commette le troisième meurtre qui fait de lui un tueur en série selon la définition commune. Le 27 novembre 1990, un an à peine après sa sortie de prison, il croise le chemin d'Anika T., 22 ans, une étudiante en esthétique. Elle a raté son train et rentre chez elle à pied. « J'ai tout de suite freiné », raconte Thomas H. Il a ensuite proposé à la jeune femme de la raccompagner. « Elle était incroyablement confiante » dit-il, et a accepté l'offre en le remerciant. Pendant qu'ils parlent de chiens dans la voiture, il est à nouveau pris d'une envie de tuer. Alors qu'il lutte contre cette pulsion, une rage incontrôlable le saisit car l'étudiante ne remarque pas le combat qu'il est en train de mener. « Elle aurait dû le voir, mais elle continuait de bavarder naïvement. Je savais que j'allais la tuer. Je n'avais plus accès à moi-même. » Il l'emmène dans sa maison de week-end à Holm-Seppensen. Là, il la torture, la viole et l'étrangle. Ensuite il prend la couverture rouge du chien, une petite hache ainsi qu'une scie et commence à mutiler les mains du cadavre. Cinq jours après le meurtre, la victime est retrouvée par un promeneur dans une zone boisée de la commune de Holm-Seppensen. Outre les marques de strangulation, le médecin légiste note que les doigts de la main gauche et la main droite ont été sectionnés. Le meurtrier a aussi mutilé l'œil gauche d'Anika T.

Concernant les mutilations, certains enquêteurs ont pensé plus tard que la destruction de l'œil gauche d'Anika pouvait être liée à une caractéristique de la compagne de Thomas H. à l'époque, qui avait un problème à l'œil gauche. Leur relation était en crise à ce moment-là et peut-être a-t-il voulu transférer cette caractéristique à sa victime ! La mutilation des mains pouvait, quant à elle, être destinée à rendre l'identification d'Anika plus difficile.

En effet, le 7 octobre 1989, une joggeuse de 31 ans avait été assassinée dans une forêt de Buchholz. Peu de temps après, un homme de 38 ans s'était suicidé. Sa compagne de l'époque s'était présentée à la police et n'avait pas pu expliquer les raisons de ce geste. Selon les médias, un échantillon d'ADN de l'homme avait alors été prélevé et comparé aux particules de peau trouvées sous les ongles de la joggeuse assassinée. L'homme suicidé était bien le meurtrier de la joggeuse. Ce fait ayant été rapporté dans les journaux, à la radio et à la télévision, on peut penser que Thomas H. était au courant de ces reportages puisqu'il vivait à Nordheide à l'époque. Il est possible qu'Anika T. ait griffé son agresseur alors qu'elle se défendait et que Thomas H. lui ait coupé les mains pour ne pas être condamné en tant que meurtrier par le biais de son ADN trouvé sous ses ongles.

Chez les trois femmes tuées par Thomas H., les légistes ont constaté des blessures causées par un objet contondant et des lésions dans la zone génitale résultant d'actes sexuels. Des traces de sperme ont également été trouvées sur les corps des victimes. Mais les constatations ne s'arrêtent pas là : le tueur torture ses victimes et leur inflige des blessures avec des aiguilles, des couteaux et une hachette. Il les mutile, leur coupe les doigts et découpe des morceaux de chair sur leur corps. Dans certains cas, ces tortures ont lieu alors que ses victimes sont encore en vie. Dans les médias et au tribunal, les corps seront décrits comme étant habillés de manière « horrible et macabre. »

Au cours de l'enquête sur le meurtre d'Anika T., l'étudiante en esthétique, le nom de Thomas H. est évoqué par la police pour la première fois. Sa condamnation antérieure pour agression, privation de liberté et blessures physiques sur l'étudiante de 19 ans à Hambourg-Wandsbek en 1988 incite les enquêteurs à s'intéresser à lui. Ils découvrent des points communs entre le viol de la lycéenne et le meurtre d'Anika T.

Hans-Peter Kröger, de la brigade criminelle, est l'un des enquêteurs qui ont sonné à la porte de Thomas H. la veille de Noël 1990 pour lui faire part de leurs soupçons. Kröger raconte: « Il m'a paru très calme [...] Au début, je n'avais pas l'impression qu'il était le meurtrier d'Anika T. Il était sportif, séduisant et semblait inoffensif. Puis j'ai parlé à mon collègue plus âgé qui m'a dit que c'était notre homme, il tremblait en disant cela. » Le collègue avait raison. Le suspect est amené au poste de police pour être interrogé.

Au début, Thomas H. semble toujours inoffensif à Kröger, jusqu'à ce que le policier aille un peu plus loin dans sa réflexion. Il déclarera plus tard : « A l'époque [...], il donnait l'impression d'être plutôt naïf, un peu enfantin. J'avais l'impression que rien n'aurait pu le troubler. Plus tard, au cours de l'interrogatoire, nous avons eu l'impression qu'il savait exactement ce qu'il faisait. »

Thomas H. pleure pendant l'interrogatoire et semble avoir des remords. Les enquêteurs espèrent que leur suspect va passer aux aveux et reconnaître enfin avoir tué Anika T. « Il n'arrêtait pas de dire : j'ai ça dans le ventre, mais je n'arrive pas à me le mettre dans la tête, je n'arrive pas à l'exprimer comme ça », racontera plus tard l'enquêteur. Lorsque le gardé à vue semble sur le point de céder et que Kröger perçoit qu'il a un bon contact avec lui, il demande à son collègue de les laisser seuls dans la salle d'interrogatoire. Le collègue de Kröger accepte. Thomas H. en profite pour affirmer ensuite que Kröger l'a frappé pour le forcer à avouer.

Une procédure pénale est engagée contre l'enquêteur et elle se poursuivra jusqu'au procès pour meurtre. Ce n'est qu'alors que le soupçon qui pèse sur Kröger d'avoir maltraité le criminel pourra être dissipé. Mais la route va être longue jusque là, et Kröger va vivre constamment dans la crainte de perdre son emploi. « En fin de compte, la vérité a bien éclaté. Je ne l'ai pas frappé. Il avait tout inventé pour pouvoir revenir sur sa déclaration ou ses aveux. » résume l'enquêteur.

Malgré les graves accusations portées par Thomas H. contre le policier, le procès a lieu en mai 1992 au tribunal régional de Stade. L'accusé a alors 28 ans. L'équipe médico-légale avait trouvé des morceaux de vêtements appartenant à la victime Anika T. chez le suspect. Soit 1500 indices au total. L'indice 456a est un faisceau de fibres rouges microscopiques. Les mêmes fibres ont été découvertes sur l'os d'un doigt coupé de la victime. Pendant le procès, un des experts psychiatriques a indiqué que le motif de l'accusé pouvait être une « crise narcissique d'estime de soi ».

Entre-temps, Thomas H. a été baptisé « Heidemörder » (le tueur de la lande) par la presse allemande à sensation, en référence aux lieux isolés où il a commis ses actes.

Le tribunal condamne Thomas H. pour contrainte et homicide involontaire. Dans le cas d'Anika T., qui a été tuée, le tribunal ne considère pas qu'elle a été violée. Le président du tribunal se justifie en disant que la victime « a accepté un rapport sexuel afin d'éviter quelque chose de pire ». Il suppose que le prévenu avait menacé sa victime. « Il avait un pistolet à gaz, des couteaux et des scalpels comme outils », dit le président et il a réalisé après le crime « qu'il l'avait massacrée ». Pourtant, le tribunal ne reconnaît pas les caractéristiques d'un meurtre et Thomas H. est condamné à 12 ans de prison.

Cette sentence est annulée par la Cour fédérale de justice suite à un appel du procureur. En janvier 1993, Thomas H. est à nouveau jugé et condamné à 14 ans de prison pour meurtre et viol, et le tribunal ordonne un placement dans un service psychiatrique.

Au moment où la Cour fédérale de justice a annulé la condamnation de Thomas H., les enquêteurs avaient rassemblé suffisamment de preuves reliant Thomas H. aux meurtres de Luisa K. et Paula S. pour que le ministère public dépose une nouvelle plainte contre lui. Cette fois pour double meurtre. Le procès se déroule à nouveau au tribunal régional de Stade. Selon l'accusation, le prévenu aurait assassiné les deux femmes pour satisfaire sa libido et pour dissimuler son crime. Thomas H. ne semble pas particulièrement bouleversé par ces accusations. Ses lèvres fines laissent même entrevoir un sourire pendant le procès. La tension ou le remords ne se lisent ni sur son visage, ni dans sa posture. Extérieurement, le « tueur de la lande » reste froid et insensible. Lorsque les détails horribles des meurtres sont largement décrits, il ne montre aucune émotion. Au cours de ce procès comme lors des précédents, l'accusé garde le silence.

Les parents de Luisa K. n'étaient pas présents dans la salle d'audience lors du procès. Leur douleur est trop grande et ils ne supportent pas d'être dans la même pièce que le meurtrier de leur fille et de respirer le même air que lui. Mais ils ont trouvé la force d'écrire une lettre qui est lue lors du procès de Thomas H. Ils y expriment leur douleur face à la perte de leur enfant et leur colère contre son assassin. Dans ce texte, ils disent à la cour et au public que « c'est toujours l'auteur du crime qui est au centre de l'attention et de l'intérêt. La victime elle n'existe souvent que dans les dossiers. Il y a un risque qu'elle reste dans l'ombre au sens littéral du terme. Le fait que cette jeune victime ait été pleine de vie, qu'elle ait eu plein d'espoir comme une fille de 20 ans qui a la vie devant elle, est trop facilement oublié dans la froideur des faits. » Ils écrivent plus loin : « Un meurtre a d'autres conséquences, moins visibles. Chaque victime laisse derrière elle des survivants. Des parents, grands-parents, frères et sœurs, amis, des personnes qui l'ont aimée et chérie. Chacune de ces personnes a non seulement perdu quelque chose d'irremplaçable, non seulement quelque chose leur a été enlevé pour toujours, mais une partie de leur histoire, de leur vie, de leur passé ainsi que de leur avenir, est morte. Une partie de leur âme s'est éteinte. Oui, on peut dire qu'une partie de ce qu'ils sont a également été assassinée. Vu de cette façon, le meurtre de notre fille s'ajoute à la somme de tous les meurtres partiels des personnes qui l'aimaient. Vu sous cet angle, chaque meurtre équivaut presque à un double meurtre. » Les paroles des parents semblent laisser l'accusé complètement froid. Le visage pâle du jeune homme de 28 ans est complètement figé.

Pendant le procès, un expert psychiatre parle du comportement de Thomas H. qui « porte un masque » lorsqu'il est en difficulté. Même lorsque le tueur en série, après 15 jours de procès, avoue qu'il a commis les meurtres, il apparaît à l'expert comme un robot froid et sans empathie. Comme s'il expliquait au psychiatre la recette pour faire un gâteau. Aucun signe de remords, de honte, de compassion ou d'horreur ne se lit sur son visage lorsqu'il raconte ses actes dans toute leur horreur. Il pense qu'il était « super gentil » avec ses victimes. Quand l'expert psychiatre demande à l'accusé s'il a pu dormir après son premier meurtre, celui de Luisa K. il répond à la question, presque avec de l'incompréhension dans la voix : « Bien sûr que j'ai dormi. J'avais tout bien rangé. » Concernant le meurtre de la mère de famille, Paula S., le médecin demande à Thomas H. s'il sait ce que la femme a dû ressentir pendant qu'il la torturait pendant des heures. « Ce n'était certainement pas agréable pour elle », répond-il froidement. Après que l'expert a analysé en détail la biographie et le comportement de l'accusé, il indique que « de graves troubles névrotiques sous l'aspect de tensions narcissiques permanentes » ont conduit aux meurtres des jeunes femmes. Il conclut à une forte probabilité de récidive avec une envie de tuer non diminuée.

A l'énoncé du verdict, le « tueur de la lande » ne montre aucune émotion. Le tribunal considère que la caractérisation rare d'un meurtre en tant que désir homicide s'est réalisée. Il condamne l'accusé à une peine de prison à vie et décide une nouvelle fois de le faire interner dans un établissement psychiatrique. Dans son explication de la sentence, le président du tribunal insiste sur le fait qu'il ne croit pas les déclarations de Thomas H. Les femmes ne l'ont certainement pas suivi de leur plein gré et n'ont certainement pas accepté d'avoir des rapports sexuels avec lui. Les trois victimes étaient « impuissantes et à la merci » du meurtrier.

Thomas H. est envoyé à l'hôpital psychiatrique d'Ochsenzoll où il s'avère être un patient récalcitrant. Le directeur de l'époque raconte : « Il essayait constamment de faire comprendre au personnel où se situaient ses droits, et qu'il ne pouvait pas les faire valoir dans une conversation normale. Cela concernait tout, du choix de la nourriture à la possession de son propre ordinateur. Il intentait immédiatement une action en justice et instrumentalisait tout son environnement afin que le personnel soit non seulement contraint de lui répondre, mais aussi de traiter avec ses avocats. Il n'a jamais, à aucun moment, lâché prise. »

Le condamné est censé suivre une thérapie au centre médico-légal d'Ochsenzoll, mais il refuse au motif que les approches thérapeutiques habituelles ne rendraient pas justice à sa personnalité complexe. Après tout, il n'est pas un tueur en série ordinaire ; il souffre d'un trouble de la personnalité multiple. Mais le verdict des experts est sans appel : rien dans le comportement de leur patient n'indique qu'il souffre de ce trouble psychiatrique. Les médecins d'Ochsenzoll considèrent donc Thomas H. comme résistant à la thérapie. Ils n'ont pas le choix car le tueur refuse tout traitement.

A l'hôpital psychiatrique, les jours passent pour le « tueur de la lande »… jusqu'à l'arrivée de la psychologue Tamar S. en juillet 1994, soit quatre semaines après que Thomas H. a emménagé dans le pavillon 18.

Tamar S. est née en Israël en 1957. Son père est un médecin respecté. Sa mère est une juive hongroise qui a survécu au camp de concentration de Theresienstadt. Tamar n'a que 16 ans lorsque sa mère meurt d'un cancer.

La jeune fille découvre très tôt son homosexualité et devient cofondatrice du mouvement homosexuel israélien. Elle y rencontre une femme allemande dont elle tombe amoureuse. Elle suit son grand amour en Allemagne. Pour obtenir le droit de résidence permanente, elle se marie avec un homme.

Tamar S. a une grande envie d'apprendre. Elle étudie la civilisation américaine, l'anglais, l'allemand ainsi que la philosophie et obtient un master. Mais sa soif de savoir est loin d'être étanchée et elle entreprend des études de psychologie et de criminologie. En avril 1993, la jeune femme a 36 ans et commence un stage d'un an en psychiatrie légale à l'hôpital général de Hambourg-Ochsenzoll. À l'issue de son stage, elle se voit offrir un poste d'ergothérapeute à mi-temps dans le pavillon 18 du service médico-légal. C'est là qu'est enfermé le célèbre « tueur de la lande ». Elle accepte. On est en août 1994.

L'ergothérapeute ne reçoit pas beaucoup de reconnaissance de la part de ses collègues. Certains considèrent qu'elle n'est pas « professionnelle ». Elle réagit parfois de manière trop émotionnelle avec les patients et est incapable de maintenir avec eux la distance thérapeutique adéquate. C'est également le cas avec Thomas H. Elle cuisine, peint et joue de la musique avec lui à tel point qu'il appelle parfois Tamar S. « ma petite ». Même si ce manque de distance avec ses patients n'est pas bien perçu par ses collègues, ceux-ci apprécient quand même Tamar S. pour son engagement infatigable. Bien qu'elle occupe un poste à mi-temps dans la clinique, elle reste généralement dans le pavillon 18 pendant toute la journée de travail, et assiste à toutes les tournées et réunions. Des employés déclareront plus tard qu'ils ont perçu leur collègue comme « de plus en plus insatisfaite ».

Ce qui va suivre laissera incrédules de nombreux observateurs ainsi que les médias, et mettra brièvement Tamar à la une de toute l'Allemagne.

Deux histoires de vie vont s'imbriquer comme des pièces de puzzle : d'un côté, Tamar S., une psychologue qui n'est plus tout à fait jeune et qui ne peut pas réaliser pleinement son potentiel dans son poste à temps partiel, de l'autre un violeur et tueur en série connu. Thomas H. va devenir son plus grand défi. Elle est convaincue qu'elle peut l'aider et le « guérir ». Elle est persuadée qu'elle seule peut le comprendre. La psychologue va s'investir totalement dans le cas de son patient.

Tamar S. fait preuve de compréhension pour le tueur en série et sa situation. Il prétend que douze enfants vivent dans son corps et le contrôlent. Ce sont eux les responsables des actes terribles qu'il a commis. Ce n'est qu'après avoir éradiqué ces créatures maléfiques en lui qu'il sera guéri et pourra à nouveau vivre en liberté. Même si les autres spécialistes en doutent, la psychologue soutient pleinement cet autodiagnostic de personnalité multiple devant ses collègues qui se moquent d'elle. Cette réaction va avoir des conséquences désastreuses. Ces deux personnes, qui se sont rencontrées par hasard vont associer leur destin : deux marginaux, une psychologue qui n'est pas prise au sérieux et son patient interné, se battent désormais contre le reste du monde.

Thomas H. profite de la fragilité de son ergothérapeute. Il est perçu par beaucoup de gens, et surtout par les femmes, comme un homme sympathique et charmant qui a quelque chose d'un gagnant. L'ancien directeur de la clinique psychiatrique recevant des détenus dit à son propos : « Extérieurement, Thomas H. semble charmant, intelligent, très désireux de plaire. Cependant, cette façade s'effrite rapidement dès que vous lui refusez quelque chose. A ce moment-là, il apparaît comme la personne qu'il était, et qu'il est aussi à mes yeux. C'est-à-dire quelqu'un qui ne pense qu'à exercer son pouvoir, et si possible sa violence, sur les autres. Une bête, même si je déteste dire ça d'un être humain. »

Le 1er septembre 1995, Tamar S. loue sous une fausse identité un appartement d'une pièce dans le quartier de Hambourg-Hohenfelde. Elle retire ensuite de son compte en banque la belle somme de 250 000 marks (environ 125 000 euros) correspondant à un héritage qu'elle a reçu. Peu de temps après, elle apprend qu'elle va être transférée dans un autre service en raison de conflits dans son environnement de travail, notamment avec ses supérieurs. Cela signifie qu'elle ne pourra pas travailler avec Thomas H. de sitôt.

Mais la psychologue et son patient ont établi un plan depuis longtemps. Le fait que Tamar S. doive être transférée signifie seulement qu'ils devront le mettre à exécution plus tôt que prévu. La thérapeute veut, envers et contre tout, aider son patient, un tueur de femmes condamné à vie, considéré comme irrécupérable et dont les experts ont dit qu'il avait une forte probabilité de récidive.

Le 27 septembre au cours de l'après-midi, Tamar S. fait sortir le tueur de sa cellule. Elle passe avec lui les portiques de sécurité et les portes en verre blindé jusqu'à ce qu'ils entrent dans le gymnase. Après avoir percé un trou dans l'enceinte, Thomas H. atteint le toit du bâtiment, d'où il descend en rappel vers la liberté. Le fugitif prend ensuite le métro jusqu'à l'appartement loué par Tamar sous un faux nom, où il se cache pendant les semaines suivantes, à quelques rues seulement du poste de police 31 de Hambourg-Hohenfelde.

Dès la découverte de l'évasion de Thomas H., un énorme dispositif policier est mis en place. La pression pour retrouver rapidement le tueur et le rendre inoffensif est énorme. La chasse à l'homme a lieu 24 heures sur 24. Environ 250 personnes ayant été en contact avec le détenu évadé sont contrôlées par les enquêteurs selon une procédure précise. Il est clair pour les policiers que Tamar S. a joué un rôle décisif dans l'évasion de Thomas H. Cependant elle n'est pas la seule à avoir aidé le tueur, plusieurs personnes ont dû y participer. On soupçonne par exemple l'avocat hambourgeois Martin S., qui a déjà été condamné pour fraude. Thomas H. l'avait rencontré lors de sa détention provisoire. Tous ceux qui sont susceptibles d'avoir aidé le fugitif semblent être au courant de la surveillance exercée par la police, et aucun d'eux ne le contacte.

Une commission spéciale est chargée de mettre au point une stratégie afin de découvrir où se cache Thomas H... Pendant longtemps, l'existence de cette « ruse » a été niée. Mais, dans ce domaine, la frontière entre le légal et l'illégal est très mince. Une fois l'affaire terminée, l'enquêteur Reinhard Chedor a déclaré à la station de radio NDR 1

Niedersachsen : « Lorsque nous avons été relativement sûrs de savoir quelles personnes pouvaient être considérées comme organisatrices de l'évasion, nous avons écrit une lettre de chantage. » Dans cette lettre, l'auteur, autrement dit les enquêteurs, dit qu'il sait parfaitement que les destinataires sont responsables de l'évasion de Thomas H.... Puis, pour serrer la vis un peu plus fort, le « maître chanteur » exige une forte somme d'argent, en liquide, contre son silence. Pour aussi ingénieux que soit ce plan, Chedor admet, avec une légère déception que si cette lettre a bien amené les personnes impliquées à parler du criminel évadé au téléphone, pas un mot n'a été dit sur l'endroit où Thomas H. se cachait. La « ruse » a échoué et elle est abandonnée. Pourtant, même si la lettre n'a pas eu le succès escompté, le comportement de Tamar S. confirme ce que les enquêteurs soupçonnaient depuis le début. Elle sait quelque chose et elle soutient le fugitif. La suite ne tarde pas : le 30 décembre 1995, des policiers arrêtent la psychologue devant la porte de son appartement, au milieu d'un énorme battage médiatique. Les représentants des médias ne sont pas là par hasard. Ils ont été informés de l'arrestation par la commission spéciale. Les enquêteurs veulent que Thomas H. sache que sa plus proche confidente et assistante a été arrêtée et n'est plus, désormais, à sa disposition.

Claudia Brockmann, est une psychologue de la police affectée à la commission spéciale. Selon elle, le tueur en série a dû avoir des contacts pendant longtemps avec les personnes qui l'ont aidé, en raison de ses conditions de détention et « dans le contexte de son besoin de se singulariser et de sa méfiance envers les autres ». En outre, il devait être sûr que ses complices disposeraient des outils logistiques préalables à une évasion : par exemple, un endroit où se cacher et de l'argent liquide. Il est en effet évident que Thomas H. ne peut pas gagner sa vie par ses propres moyens, car il serait trop exposé. Tamar S. cochait toutes les cases : elle possédait les clés pour lui ouvrir les portes de la liberté, elle disposait d'un héritage important, elle était convaincue que Thomas H. n'était pas soigné correctement à la clinique Ochsenzoll et croyait que le tueur pouvait être aidé et retrouver sa liberté, à condition qu'on lui propose la bonne thérapie. C'est donc Claudia Brockmann qui a conseillé aux enquêteurs d'adopter la stratégie du battage médiatique lors de l'arrestation de Tamar S. Selon elle, dès que le criminel en fuite l'apprendra, il réapparaîtra car les conditions d'une évasion réussie auront alors disparu. Et la psychologue prédit qu'après son évasion ratée de l'hôpital psychiatrique, le tueur ne voudra pas rater son entrée dans le genre « C'est moi, me voici ! »

Le soir du Nouvel An 1995, un gros homme chauve, qui vient d'avaler une poignée de comprimés de valériane pour se calmer, entre dans le commissariat de Hambourg-Hohenfelde. L'homme est jeune, il est vêtu d'un survêtement bleu et porte un sac en plastique. Le policier de service le regarde avec une certaine perplexité lorsqu'il affirme qu'il est Thomas H. « Il est tellement différent des photos du criminel en fuite qui ont été diffusées dans la presse pendant des semaines » pense-t-il. Mais ses doutes s'envolent quand l'homme montre le contenu de son sac en plastique : il est à moitié rempli de billets de banque, ce qui reste des 250 000 marks de Tamar. Le policier lève les yeux et regarde fixement le gros homme, dont la bouche se tord en un sourire malicieux. A cet instant, un frisson glacé lui parcourt l'échine. Le tueur en série recherché se tient devant lui.

Comme prévu, le « tueur de la lande » affirme qu'il ne s'est pas rendu parce que sa complice a été arrêtée. Il était prévu dès le départ qu'il mettrait fin lui-même à son évasion. Par cette action, il voulait attirer l'attention sur les conditions de vie déplorables dans le centre de détention d'Ochsenzoll. Mais très vite les enquêteurs découvrent que Thomas H. et Tamar S. avaient prévu de s'enfuir en Israël, pays d'origine de la psychologue.

Après son retour au pavillon 18, d'importantes mesures de sécurité sont prises pour empêcher à tout prix le tueur en série de s'échapper à nouveau. Thomas H. est placé dans une chambre individuelle afin qu'il n'ait aucun contact avec ses codétenus. Il est également seul lors de sa promenade quotidienne dans la cour, ce qui exige que les autres détenus soient enfermés avant que Thomas H. ne soit autorisé à sortir à l'air libre. Le personnel qui s'occupe de lui est sélectionné avec grand soin par le directeur. Il doit être « sans reproche ». En plus d'être logé individuellement, le tueur est surveillé jour et nuit. Sa chambre est régulièrement fouillée de fond en comble. Thomas H. est tout sauf enthousiaste quant à la façon dont il est traité. Il menace le directeur de la prison de le tuer si jamais il est libéré.

Tamar S. est condamnée par un tribunal à deux ans et demi de mise à l'épreuve pour avoir aidé et encouragé l'évasion. D'autres personnes soupçonnées de faire partie du cercle des complices ne sont pas poursuivies car elles n'ont pas aidé Thomas H. dans son opération d'évasion proprement dite.

A la surprise générale et au grand dam des institutions, Tamar S., malgré son orientation homosexuelle, épouse son patient en mars 1997. La direction de la clinique d'Ochsenzoll ayant interdit l'accès du bâtiment à son ancienne employée et n'ayant levé l'interdiction que bien plus tard, Thomas H. est emmené dans une maison d'arrêt de Hambourg le 13 mars avec les plus grandes mesures de sécurité. C'est là qu'un officier d'état civil va célébrer le mariage entre le tueur en série et la psychologue. Il n'y aura pas de fête. Immédiatement après la cérémonie, Thomas

S., comme on l'appelle maintenant, est ramené à l'unité psychiatrique.

Claudia Brockmann dira plus tard que toutes les personnes impliquées ont été très surprises lorsque, contre toute attente, « le tueur de la lande » a voulu épouser sa psychologue. Mais elle suppose que l'une des raisons principales de ce mariage, du côté de Thomas H., était l'héritage de Tamar. Brockmann estime également qu'il est concevable que Tamar S. ait accepté le mariage pour que Thomas H. puisse changer son nom de famille pour celui de sa nouvelle épouse.

Tamar S. nie ces suppositions : elle aime Thomas H. et a de la peine pour lui depuis leur première rencontre. Il n'est pas un meurtrier. C'est un malade qui n'est pas responsable de ses actes. Les deux n'ont pas eu non plus d'opportunité de rencontre sur le plan érotique ; la situation était trop tendue lors de la fuite du tueur. Elle dit également avoir été surprise par le changement de son orientation sexuelle, qu'elle appelle une « révolution physique et émotionnelle ». Même si Tamar S. est consciente qu'ils « ne connaîtront peut-être pas une vie de couple comme les autres », elle serait prête à tout abandonner pour entretenir la relation avec son mari.

La psychologue de la police Claudia Brockmann révèlera plus tard que le tueur en série n'est ni poli, ni amical, avec sa femme. Si elle fait quelque chose de mal selon lui, il l'attaque verbalement ; il n'est pas rare qu'il la traite de « vache stupide ». Le personnel de surveillance du parloir a souvent dit qu'il n'aimait pas assister aux visites de Tamar S. à son mari parce que c'était « pénible » d'entendre la façon dont il traitait sa femme.

En 2003, Thomas S. a déposé une plainte auprès du tribunal régional de Hambourg. Le meurtrier a demandé à avoir plus de liberté dans son centre de détention, et à rencontrer sa femme sans surveillance dans l'une des salles visiteurs. La clinique Ochsenzoll ne lui a pas accordé cette demande ; le danger pour la sécurité et même la vie de Tamar S. est trop grand. Le tribunal régional a rejeté de manière catégorique la demande du criminel. À ce jour, le mariage du tueur en série avec sa thérapeute n'a pas été consommé ; ils ne sont autorisés à se voir que sous surveillance. Tamar S. vit seule et sans le sou à Hambourg. Elle reste aux côtés de son mari Thomas H. et lui rend régulièrement visite à l'hôpital psychiatrique d'Ochsenzoll.

C'est à l'occasion de son mariage que Thomas H. a fait une dernière fois la une des journaux. Depuis, c'est le calme plat autour du « tueur de la lande ». Seul l'enquêteur Hans Peter Kröger est certain que l'on entendra à nouveau parler de lui un jour ou l'autre : « C'était son truc d'être à la une. Qu'il s'agisse de l'arrestation à l'époque ou du procès, il était toujours dans les médias. » Kröger est convaincu que Thomas H. finira par faire quelque chose qui choquera le public et attirera l'attention. L'essentiel pour lui est d'être sous les feux de la rampe.

Les noms des victimes ont été modifiés par égard pour elles et pour la protection des familles en deuil.

» **Un escroc en traite un autre de voleur.**

Proverbe allemand

CHAPITRE 4

Le jeu du chat et de la souris

En cette nuit de printemps de mai 1988 à Berlin, le ciel est clair et bien dégagé. Soudain, une détonation assourdissante brise le silence et tire les habitants de leur sommeil. Une bombe artisanale vient d'exploser dans le rayon hommes du célèbre grand magasin de luxe KaDeWe sur la Wittenbergplatz. Quelques minutes plus tard, des dizaines de voitures de police et de camions de pompiers, toutes sirènes hurlantes, traversent Schöneberg pour se rendre sur les lieux. Les secours découvrent un magasin dévasté. La bombe a provoqué des dégâts matériels d'un montant de 250 000 marks (environ 127 800 euros).

Heureusement, personne n'a été blessé dans l'explosion. Mais ce soulagement est rapidement suivi d'un autre choc. La direction du magasin reçoit une lettre de chantage du poseur de bombe. Il réclame 500 000 marks (environ 255 650 euros) au groupe propriétaire du magasin.

Sinon, d'autres attentats suivront et, pour chaque mort, le montant augmentera d'un million supplémentaire, écrit-il. Le paquet contenant l'argent devra être jeté d'un train en marche en suivant ses indications. La direction du magasin, craignant que ses employés ou des clients ne soient blessés ou tués en cas de nouvel attentat, réunit le demi-million de marks et emballe soigneusement l'argent, soutenue par la police de Berlin.

Le jour de la remise de l'argent, le maître-chanteur contacte la police par radio : « Prenez le train à 20h43 en direction de Frohnau. Vous monterez dans le dernier wagon et vous vous tiendrez à droite dans le sens de la marche », indique-t-il d'une voix calme sans la moindre trace d'agitation.

De nombreux policiers en civil ont pris position le long de la voie ferrée et dans les wagons, prêts à ouvrir la chasse dès que le malfaiteur s'emparera de l'argent. Le train commence à prendre de la vitesse quand le maître-chanteur envoie un nouveau message radio. « Attention ! Jetez l'argent maintenant ! Jetez l'argent dehors MAINTENANT ! » Une tension dans la voix de l'homme est maintenant clairement audible. Le policier prend le paquet contenant l'argent et le jette par la fenêtre supérieure du compartiment.

Le malfaiteur observe la scène depuis le sous-bois épais qui borde la voie ferrée. Lorsqu'il entend le paquet tomber sur le sol, il se précipite, jette un coup d'œil au train qui s'éloigne, s'empare de l'argent et disparaît dans l'obscurité. Tout cela s'est passé très vite et même si le train s'arrête en urgence un peu plus loin, les policiers ne parviennent pas à le poursuivre.

Le maître-chanteur court vers la zone industrielle voisine, haletant d'effort et d'excitation. Il se dirige vers le garage automobile où il travaille. C'est là qu'il compte se cacher avec son butin, jusqu'à ce que la police renonce à le rechercher et abandonne. Sur le chemin vers sa cachette, le petit homme avec son paquet à la main est aperçu par deux adolescents qui profitent de la tranquillité de la zone industrielle pour s'entraîner avec leurs skateboards. Le lendemain, à partir de leurs observations, un dessinateur de la police fait le portrait robot de celui qui, la nuit précédente, a inauguré la série d'extorsions la plus spectaculaire de l'histoire criminelle allemande.

Le petit Arno Funke est né hors mariage le 14 mars 1950 à Berlin-Ouest. Sa mère est originaire de Norvège, ce qui explique qu'Arno a développé au cours de sa vie une relation particulière avec ce pays scandinave et ses hautes montagnes, ses glaciers et ses fjords. Son père, Berlinois d'origine, quitte la famille lorsque l'enfant a six ans. Jusque-là, Arno a grandi dans le quartier de Neukölln, à Rudow, dans un confortable chalet en bois doté d'un grand jardin envahi de végétation où le petit garçon peut se défouler. Désormais, c'est à sa mère de gagner leur vie. C'est difficile et elle ne manque pas de courage. Elle quitte le chalet et emménage avec son fils dans un appartement d'un immeuble de Berlin-Neukölln.

En avril 1956, Arno rentre à l'école primaire Matthias Claudius de Rudow. L'enfant aime surtout s'amuser et trouve que ce temps passé à l'école, sans bouger, est une torture. Il perd bientôt le goût d'apprendre. Les punitions répétées des instituteurs lui enlèvent toute envie d'étudier. Arno n'impressionne que par ses mauvaises notes, sauf en art et en sport où il obtient des « très bien » sur son bulletin. Pourtant, c'est un garçon intelligent et enthousiaste pour beaucoup de choses. Plus tard, il passe un test de QI et obtient 145. Arno est donc considéré comme très doué et joue, par exemple, dans la même cour que le 37e président des États-Unis, Richard Nixon, dont on a assuré qu'il avait un QI de 143.

Pour Noël, le jeune garçon reçoit un jeu « Le petit technicien radio » qui l'occupe beaucoup jusqu'à ce que « Le petit chimiste » arrive sous le sapin au Noël suivant. Grâce à ce kit de chimie, il fait ses premières expériences avec la très explosive poudre noire. L'enfant est très inventif ; il fabrique des télescopes et des microscopes avec les vieilles lunettes et les loupes de son père. Ce touche-à-tout aime aussi prendre des photos et les développer. Quand Arno est plus âgé, il passe la plupart de son temps libre à la bibliothèque locale. Il dévore des ouvrages sur l'astronomie et la physique et, pour se distraire, il se plonge dans les récits et légendes grecs.

Arno a quatorze ans lorsque ses parents se remettent ensemble. Sa mère garde l'appartement de Berlin-Neukölln, mais elle revient vivre avec son fils chez son père. L'adolescent est heureux de cette réconciliation, surtout parce qu'il vit à nouveau dans le chalet en bois avec un grand jardin. Ici, il est tranquille, il peut bricoler et expérimenter sans être dérangé.

Arno passe sa dernière année scolaire à l'école Rütli de Neukölln en 1964/1965. Les personnes qu'il y rencontre réussissent l'impossible : ce spécialiste de l'échec scolaire se découvre l'envie d'apprendre. Ses notes s'améliorent rapidement et, en très peu de temps, le garçon est le premier de sa classe. Les enseignants sont enchantés par le changement de cet élève à problèmes. Mais Arno n'a pas l'intention de rester à l'école plus longtemps que nécessaire. Il n'a plus envie. Il veut prendre son indépendance. Tous les bons conseils des professeurs n'y font rien.

Il commence d'abord un apprentissage d'employé de bureau. Mais il ne lui faut que trois mois pour se rendre compte que ce n'est pas le métier de ses rêves. Il quitte cette formation. Suit un apprentissage de photographe mais là, c'est le maître d'apprentissage qui met fin à la formation. Le jeune homme ne convient pas pour ce travail. Il entreprend ensuite un apprentissage de fabricant d'enseignes et de publicités qu'il termine avec succès.

En 1970, le père d'Arno meurt à l'âge de 72 ans. Le jeune homme a 20 ans, il est né hors mariage et n'a, ainsi que sa mère, aucun droit sur l'héritage du défunt. Ils perdent le confortable chalet de bois et le jardin au profit des héritiers légaux. Un coup dur pour Arno qui s'ajoute au chagrin de la perte de son père.

Six mois après l'enterrement, il quitte Berlin et voyage dans toute l'Allemagne. De Passau à Starnberg, de Schorndorf à Meppen, d'Ansbach à Dortmund. Pendant ce temps, il gagne sa vie en travaillant comme disc-jockey. Quand il découvre Bielefeld, en Rhénanie-du-Nord-Westphalie, il s'y plaît et s'y installe. Les deux années suivantes, Arno travaille pour une grande entreprise de boissons. Il rencontre une jeune femme, l'épouse et déménage à Berlin. Cependant, le mariage est de courte durée et il divorce rapidement.

Après cette séparation en 1973, Arno s'installe chez sa mère. Suite à la mort de son père, elle est revenue dans sa ville natale de Haugesund en Norvège et y vit avec son nouveau compagnon. Le jeune homme apprécie la beauté de ce pays scandinave et sa nature intacte. Il gagne sa vie comme ouvrier du bâtiment.

C'est l'amour qu'il porte à une jolie jeune femme qui va le ramener à Berlin après quelque temps. À son retour, Arno exerce le métier qu'il connaît, celui de fabricant d'enseignes et de publicités. Son travail l'oblige à manipuler toutes sortes de peintures et de solvants, ce qui le rendra, plus tard, gravement malade des nerfs. Après six ans de vie commune, le jeune couple se sépare. Arno a 29 ans et décide alors de changer de vie. En 1979, il prend un risque en se mettant à son compte. Au lieu de créer des panneaux publicitaires et des enseignes, il met à profit son don artistique et décore désormais des carrosseries de voitures et de motos dans un garage. Il crée des dessins colorés qu'il applique ensuite sur les véhicules de ses clients à l'aide de peintures et de vernis. Inévitablement, le jeune homme respire encore davantage ces solvants qui endommagent continuellement sa santé.

C'est alors qu'Arno fait la connaissance d'une jeune Coréenne dont il tombe fou amoureux. Le couple vit sept années pleines d'émotions. « Elle m'a volé une partie de ma raison, l'autre partie s'est dissoute dans les vapeurs des solvants », résumera plus tard Arno Funke. Dès lors, le trentenaire souffre d'une grave dépression. Il se sent vide ; sa vie n'a plus de sens, ne connaît plus de joie. Il a beau lutter contre ses démons intérieurs, il ne parvient pas à les vaincre. Son esprit semble enveloppé dans du coton, avec ses mêmes pensées qui tournent en rond. « Tu ne vaux rien ! Tu es inutile ! Sans toi, le monde n'irait pas plus mal ! Personne n'a besoin de toi ! », autant d'idées qui lui trottent inlassablement dans la tête. Pour y échapper, Funke s'endort avec de l'alcool. Mais il n'arrive pas à vaincre le démon de la dépression. Finalement, le manque d'argent s'ajoute aux doutes et aux pensées suicidaires.

Il réussit à subvenir à ses besoins chaque mois, mais prendre des vacances, se détendre, ou s'offrir quelque chose, lui est impossible malgré son entreprise de peintre/décorateur de carrosseries. Cette situation explosive, et qui le deviendra au sens propre du terme, va tenir en haleine les pouvoirs exécutif et judiciaire et entamera l'honneur professionnel de nombreux fonctionnaires.

En effet, lassé de la vie, Funke estime qu'il n'a plus à respecter aucune règle. De toute façon, rien n'a plus d'importance à ses yeux. C'est alors qu'il planifie son premier délit.

Après le chantage réussi du KaDeWe en 1988, la récupération des 500 000 marks et après qu'il a échangé les billets numérotés de son butin à l'étranger, il se sent un homme accompli. Les soucis d'argent permanents qui l'empêchaient de vivre appartiennent au passé. Il a également renoncé à l'alcool. Mais malgré tout, ce dépressif chronique ne se sent pas soulagé et le bonheur espéré se fait attendre. Quoi qu'il fasse avec son argent, il n'en ressent aucune joie. Avec un ami, Arno s'offre des vacances de débauche aux Philippines. Il y reste six mois et fait la connaissance d'une femme du pays dont il tombe éperdument amoureux. Le couple se marie et emménage dans un petit appartement de deux pièces à Berlin.

Funke espère avoir enfin trouvé le bonheur. Mais les pensées dépressives continuent de circuler en arrière-plan. Madame Funke ne sait pas où son nouveau mari trouve l'argent avec lequel il paie le loyer et les dépenses de la vie quotidienne. Elle ignore totalement qu'il ne finance pas sa famille exclusivement avec son travail indépendant de peintre/décorateur.

Le bonheur conjugal est complet lorsque l'épouse d'Arno donne naissance à leur fils. Mais malgré sa fierté de père, l'homme est toujours en proie à des angoisses existentielles. La plus grande partie du demi-million de marks a été dépensée. Entre-temps, Arno a consulté un médecin pour son état de santé psychique. Le médecin a établi que la cause de la dépression de Funke était l'inhalation de solvants toxiques pendant des années. Son corps va avoir besoin de beaucoup de temps pour s'en remettre. Arno décide alors de ne plus travailler comme peintre de voitures, afin de ne plus mettre sa santé mentale en danger. La conséquence logique de cette décision est de continuer à vivre, dans un premier temps, avec l'argent obtenu grâce à KaDeWe. Mais il est également logique que, sans travailler, aucun argent ne va rentrer. Arno a encore 100 000 marks (environ 51 130 euros) de côté, cachés sous l'évier de la cuisine de son appartement de location. Pourtant il est submergé par la peur concernant l'avenir financier de sa petite famille. Heureusement, il sait comment s'en sortir grâce à une méthode déjà éprouvée.

Tous les matins, Funke se rend à son atelier ; il fait croire à sa femme qu'il continue de travailler régulièrement. Mais au lieu de peindre des voitures et des motos, Arno fabrique une bombe grâce à ses connaissances techniques. Satisfait du résultat, il la range délicatement dans sa voiture et se met en route pour le nord de l'Allemagne.

Dans la nuit du 13 juin 1992, un tuyau piégé explose dans le rayon porcelaine d'un magasin Karstadt de Hambourg. La presque totalité de la marchandise est brisée ; les dégâts matériels sont considérables. La direction reçoit une lettre de chantage indiquant qu'elle doit payer un million de marks si elle ne veut pas risquer d'autres accidents. Le maître-chanteur lui demande de passer l'annonce suivante dans le Hamburger-Abendblatt : « Dagobert salue ses neveux », pour montrer son consentement à payer. Les policiers de Hambourg croient reconnaître des points communs avec le chantage exercé sur le magasin KaDeWe en 1988. Dagobert, comme se surnomme le maître-chanteur en référence au célèbre canard de bande dessinée – Oncle Picsou dans sa version française – est-il un récidiviste ? Si leur hypothèse est correcte, il faut supposer que l'argent devra être remis depuis un train en marche. Et en effet, les enquêteurs ont raison. Deux semaines plus tard, les policiers reçoivent un appel téléphonique. À l'autre bout du fil, Dagobert le maître-chanteur, dirige les policiers vers une consigne de gare. Ils y trouvent des instructions ainsi qu'un dispositif de largage sophistiqué avec une horloge. Ils doivent placer le million de marks demandé dans le dispositif et l'attacher au dernier wagon du train Intercité « Käthe Kollwitz ».

Le 14 août 1992, le train quitte Hambourg à 16h40 en direction de Berlin. Les policiers n'ont pas eu beaucoup de temps pour examiner et analyser en détail le dispositif de largage, qui devait être fixé au train à l'aide de ventouses. Ils ont néanmoins réussi à étudier la minuterie et calculé l'heure de largage, ce qui leur a permis de localiser l'endroit où Dagobert devrait se trouver pour récupérer l'argent. Soit à une centaine de kilomètres après Hambourg. Plusieurs policiers sont postés discrètement le long de la voie ferrée afin d'attraper le maître-chanteur.

Mais cela n'a pas été aussi simple qu'espéré. Funke a réussi à berner la police avec l'astuce de la minuterie uniquement destinée à l'induire en erreur. Au moyen d'une télécommande, il a déclenché le dispositif de largage peu de temps après que l'Intercité a franchi la limite de la ville de Hambourg. Le temps que les policiers qui se trouvent dans le dernier wagon arrêtent le train et se lancent à sa poursuite, Dagobert est déjà loin. Mais le maître-chanteur ingénieux perd rapidement son sourire de gagnant lorsqu'il ouvre le paquet. A l'extérieur, il y a bien quatre billets de 1000 marks (environ 2045 euros), mais à l'intérieur, le paquet ne contient que des morceaux de papier et des vieilles piles.

De la part de la police de Hambourg, la démarche était risquée mais compréhensible. Ils savent qu'ils ont affaire à un récidiviste qui a déjà agi en 1988. S'ils lui remettent à nouveau de l'argent liquide, ils sont sûrs que le criminel reviendra à la charge prochainement. Il faut donc l'en empêcher. Même s'ils risquent de mettre Dagobert en colère. Et c'est exactement ce qui va se passer.

Funke a l'impression de ne pas être pris au sérieux par les autorités. Il sait qu'il doit maintenant leur « en mettre plein la vue » pour donner du poids à sa demande. Il confectionne une bombe puissante remplie d'écrous et de vis qu'il fait exploser dans un magasin Karstadt de Brême dans la nuit du 9 septembre 1992. L'explosion déclenche un incendie. Les marchandises qui ne sont pas endommagées par l'explosion sont la proie des flammes, les autres sont ruinées par les sprinklers qui se sont mis en marche automatiquement. Cette nuit-là, Funke provoque des dégâts matériels de six millions de marks (environ 3,1 millions d'euros). Personne ne sait jusqu'où ira le poseur de bombes ; est-il prêt à tuer pour obtenir ce qu'il veut ? Les experts qui tentent d'établir le profil du criminel ne sont pas d'accord sur ce point.

Près de deux mois plus tard, le 29 octobre 1992, le poseur de bombe exige à nouveau un paquet rempli d'argent auprès de la chaîne Karstadt. Il se rend à vélo sur une voie ferrée du quartier berlinois de Charlottenburg.

De là, il veut donner le signal au convoyeur, qui est dans le dernier wagon, de jeter le paquet hors du train. Mais Dagobert est devenu moins prudent. Par exemple, pendant les préparatifs de la remise des fonds, il n'a pas réfléchi à un plan B pour s'échapper si besoin. Alors qu'il pédale à travers Charlottenburg, il est déjà suivi par des agents en civil, sans même qu'il s'en rende compte. Tous les policiers berlinois sont impatients de mettre enfin Dagobert sous les verrous, ce qui les rend particulièrement vigilants et attentifs et pourrait être fatal à Arno Funke. Toutefois, le fait que les policiers découvrent le petit homme qui pédale le long des rails dans l'obscurité n'est qu'un pur hasard.

L'homme descend de son vélo et l'appuie contre un arbre. Il marche quelques mètres et se retrouve près de la voie ferrée. Il se met à couvert derrière un buisson. Très vite, il voit les lumières du train qui s'approche ; il sent les vibrations sous ses pieds. « Premier wagon, deuxième wagon, troisième wagon », compte Funke en chuchotant, « avant-dernier wagon ... Maintenant ! » Il appuie alors sur un bouton qui déclenche un signal informant le convoyeur de jeter immédiatement l'argent par la fenêtre. Le paquet s'envole, mais au même moment, Funke perçoit une multitude d'hommes qui parlent frénétiquement dans le compartiment du train. « Merde ! », jure-t-il. Il comprend que son arrestation est imminente et n'a plus la tête à s'occuper du paquet qui gît sur le sol. Le cœur lourd, il l'abandonne. Ce n'est pas une grande perte. C'est à nouveau une boîte remplie de morceaux de papier et de vieilles piles. Mais Dagobert ne peut pas le savoir à ce moment-là.

Il fait demi-tour et se met à courir. « Il faut partir ! Vite la bicyclette ! » s'exclame-t-il. Au même moment, un policier arrive à sa rencontre. « Entre le gagnant et le perdant, il n'y a parfois que la présence de quelques feuilles mouillées », résumera plus tard l'agent. En effet, alors qu'il sprinte vers Dagobert, il glisse, tombe de tout son long et perd de précieuses secondes qui permettent à Arno Funke de sauter sur son vélo, de démarrer en trombe… et de se diriger directement vers le collègue du policier à terre, qu'il évite d'une manœuvre audacieuse. Finalement, Arno parvient à s'échapper malgré l'étroitesse du chemin. Quand les policiers se lancent enfin à sa poursuite, il est déjà hors de vue. Comme si tout cela n'était pas assez humiliant, l'arrestation ratée est largement relatée dans la presse. Sauf que les journalistes remplacent les feuilles mouillées par une crotte de chien, ce qui leur permet de se moquer encore plus des poursuivants de Dagobert. Le lendemain, le tabloïd le plus connu d'Allemagne titre : « Pas de chance pour la police : une glissade sur une crotte de chien a permis à Dagobert, le maître-chanteur de Karstadt, de s'échapper ». On parle désormais de « l'aria de la crotte de chien ». Les nerfs des policiers sont à vif ; la frustration s'installe et cela d'autant plus que la population sympathise avec le maître-chanteur, qui parvient toujours à déjouer les pièges des policiers et semble prendre ces derniers pour des imbéciles. Pour les enquêteurs, c'est incompréhensible. Lors du sondage téléphonique d'une chaîne de télévision qui pose la question « Avez-vous une sympathie secrète pour Dagobert ? », 61,3 % des répondants disent « oui ».

Arno Funke aime que le public le voit comme un « Robin des Bois » et non comme un « minable ». Cela le console un peu du fait qu'il n'a toujours pas récupéré d'argent. Il est clair qu'il devra changer de tactique lors de la prochaine étape. En effet, il vient d'échapper de justesse à l'arrestation. La police, qui connaît son modus operandi, va s'adapter et Dagobert ne veut pas faciliter la tâche de ses poursuivants.

Le 19 avril 1993, Il fait savoir à la police qu'il est prêt pour une nouvelle remise d'argent. Le maître-chanteur laisse aux agents une clé et d'autres instructions dans une consigne de gare. Ils doivent se rendre sur un parking au sud de Berlin. Ils y trouveront une caisse contenant du sable, fermée par une serrure à laquelle correspond la clé. Les policiers sont étonnés. Entre-temps, il y a déjà eu dix échecs de remise d'argent et chaque fois, c'est un train qui a joué le rôle central. Bien entendu, tous les scénarios élaborés pour la suite des opérations reposaient sur ce fait. Et maintenant, un bac à sable ! Les policiers se rendent à l'endroit indiqué, près de la station de métro Britz-Süd à Berlin.

Sur place, ils découvrent au bord du parking la caisse annoncée, protégée par un cadenas. Les policiers l'examinent attentivement. De l'extérieur, ils ne voient rien d'anormal. « Qu'y a-t-il sous cette caisse ? », demande l'un des agents. Son collègue tente de la soulever. En vain. « Laisse tomber, c'est tellement lourd que je ne peux pas la bouger d'un millimètre », souffle-t-il. L'autre introduit la clé dans la serrure. Ça correspond. Ils soulèvent prudemment le couvercle et comprennent aussitôt pourquoi la caisse ne peut pas être déplacée. Elle est remplie de gros sable presque à ras bord. Au-dessus, il y a un papier : « Mettez l'argent à l'intérieur et fermez le couvercle. » Les policiers fouillent dans le sable, mais il ne semble pas y avoir autre chose. Ils placent le paquet contenant l'argent dans la caisse et ferment le couvercle. Maintenant, il faut attendre. Une heure passe. Bien sûr, les policiers en civil se demandent si Dagobert pense vraiment qu'ils vont quitter des yeux, ne serait-ce qu'un instant, la caisse contenant l'argent. Dès que Dagobert ouvrira le coffre, ils lui sauteront dessus et le cirque sera enfin terminé.

Les deux officiers de police sont assis dans leur voiture et observent les alentours de la caisse lorsqu'une alarme retentit. Ils se regardent d'un air interrogateur. L'alarme indique que l'argent a été déplacé. Ils avaient caché un détecteur de mouvement dans le paquet afin de ne pas manquer, dans l'obscurité de la nuit, le moment où Dagobert viendrait s'emparer de son butin. « Il doit s'agir d'un problème technique », suppose l'un des hommes. En effet, ils voient très bien la caisse et tout semble calme de ce côté-là ; personne ne s'en est approché. L'attente se poursuit... Au bout d'une heure, l'un des policiers décide de se faufiler jusqu'à la caisse et de jeter un coup d'œil discrètement. Et là, c'est le choc : elle est vide ! La pression psychologique sur les policiers et leurs supérieurs augmente de manière très sensible. Comment Dagobert réagira-t-il si, à nouveau, il ne trouve que des bouts de papier au lieu de l'argent ? Va-t-il mettre sa menace à exécution et faire exploser une nouvelle bombe ? Des vies humaines sont-elles désormais en danger ? Les moqueries du public et de la presse sont en tout cas assurées pour les fonctionnaires de police.

Une fois de plus, Arno Funke s'est joué des fonctionnaires. Il a placé la caisse de sable sur une bouche d'évacuation d'eau de pluie, dont il a enlevé le couvercle. Il en a fermé l'accès avec une fine couche de béton. Dans la caisse remplie de sable, il a caché un microphone radio ce qui lui permet d'entendre la discussion des policiers à la surface et de savoir quand il peut agir sans danger. Lorsque Funke entend les policiers s'éloigner de la caisse, il se glisse dans le tunnel souterrain jusqu'à l'accès qu'il a bétonné. Avec un tournevis, il gratte le béton. Au fond de la caisse une ouverture carrée permet de laisser le sable s'écouler et de se saisir de l'argent. C'est à ce moment-là que le détecteur de mouvement se déclenche, ce que les agents prennent à tort, pour un problème technique. Mais quand Funke ouvre le paquet, sa frustration est totale.

La police berlinoise n'a pas seulement à faire face à un adversaire rusé, s'y ajoutent les dénigrements de la presse. Une rumeur grandit selon laquelle Dagobert pourrait être issu des rangs de la police berlinoise. Sinon, pourquoi le maître-chanteur s'échapperait-il à chaque fois ? La méfiance se répand parmi les fonctionnaires. Dans la planification des interventions, on pèse le pour et le contre pour savoir qui peut avoir accès aux informations. Cette situation complique encore le travail de la police et déstabilise les agents. Toutefois, la rumeur ne peut pas être étayée. Une seule chose est sûre : la méthode habituelle consistant à arrêter le maître-chanteur au moment de la remise de l'argent a échoué dans le cas de Dagobert. Les policiers doivent changer de stratégie.

Le fait qu'à ce moment-là le maître-chanteur change lui aussi de méthode va jouer en leur faveur. Au lieu d'utiliser un téléphone pour diffuser des messages générés par un ordinateur, Dagobert appelle directement les policiers berlinois depuis des cabines téléphoniques publiques. Pour les experts ce comportement montre qu'il perd, lui aussi, lentement mais sûrement patience et qu'il n'est plus disposé à investir autant de temps dans la préparation d'une énième remise d'argent pour recevoir ensuite des bouts de papier. La nouvelle stratégie de la police se met en place : elle veut arrêter le maître-chanteur lorsqu'il appelle d'une cabine téléphonique pour demander une nouvelle remise d'argent.

C'est un travail énorme car cela signifie que toutes les cabines téléphoniques doivent être surveillées. Mais tant pis ! Les policiers, qui finissent par se sentir personnellement attaqués par les actions de Dagobert ont besoin de réussir… enfin. Cette désagréable impression augmente leur hargne à l'égard de Funke et aussi leur énergie. Trois mille policiers en civil sont mobilisés et chargés de surveiller des dizaines de cabines téléphoniques. Dagobert a annoncé un nouvel appel avec des instructions pour le 30 juin 1993. Comme, jusqu'à présent, il a toujours appelé depuis l'ouest de la ville, la police poste deux agents en civil près de chacune des 1500 cabines téléphoniques publiques de l'ouest de Berlin ; ils sont enfin prêts à l'attraper. Ce dispositif s'effondre pourtant en quelques secondes lorsque Dagobert les appelle effectivement - mais d'une cabine téléphonique située à l'est de la ville. C'est un nouveau revers pour la police.

La déception de Funke continue, elle aussi, de croître. Il a une fois de plus l'impression de ne pas être pris au sérieux et est contraint d'augmenter la pression sur la police qui doit enfin comprendre qu'il ne plaisante pas. C'est ainsi qu'il construit un nouvel engin explosif. Mais cette fois, il va plus loin : si jusqu'à présent, en attaquant exclusivement la nuit, il minimisait le risque de blesser ou de tuer d'autres personnes, il décide de ne plus tenir compte des pertes humaines éventuelles.

Le 6 décembre 1993, en pleine période de Noël, Funke fait exploser un engin artisanal dans l'ascenseur d'un magasin Karstadt de Berlin, pendant les heures d'ouverture. C'est une chance que personne ne soit blessé. Dagobert lui aussi est soulagé. Il a montré à la police berlinoise de quoi il était capable, mais il n'a blessé personne. Il obtient pourtant ce qu'il voulait : la société Karstadt et la police commencent à douter de leur stratégie. Visiblement, le maître-chanteur est prêt à blesser des innocents, voire à les tuer. Cette conviction est renforcée par une lettre envoyée par Dagobert après l'attentat de l'ascenseur : « ... Manifestement, le psychologue de la police pense que je ne suis pas capable de tuer des gens. Je vais vous prouver le contraire ! »

La direction de Karstadt, qui n'en finit pas de trouver que l'affaire va trop loin, presse les policiers de mettre des vrais billets dans le paquet lors de la prochaine remise d'argent, afin de mettre fin à cette mascarade.

Arrive le 22 janvier 1994. La prochaine remise d'argent est imminente. Dagobert guide le convoyeur des fonds vers un dépôt ferroviaire abandonné. Sur les rails, les policiers découvrent un mini-wagon conçu et construit par Dagobert lui-même ; une véritable prouesse technique. Dans sa version plus grande, il s'agirait d'un wagon de transport sur rail équipé d'une benne pour évacuer, par exemple, du sable ou des gravats. Le policier pose, comme on le lui a demandé, le paquet contenant les 1,4 million de marks (environ 715 000 euros) sur le wagonnet et appuie sur un bouton. L'engin commence à rouler, mais il prend rapidement de la vitesse et les agents n'arrivent pas à le suivre à travers le terrain accidenté. Non qu'ils n'aient pas essayé. Mais l'habile maître-chanteur s'y attendait et il a installé plusieurs fils de fer sur leur passage. Les policiers courent, tombent et déclenchent une quantité de feux d'artifice en touchant les fils. C'est ainsi que 1,4 million de marks disparaissent dans la nuit.

Dagobert attend dans sa cachette au bord de la voie ferrée l'arrivée de son mini- wagon, et sursaute à chaque explosion de pétards, quand soudain la lumière de plusieurs lampes de poche l'éblouit. Pris de panique, il sort de sa cachette et s'enfuit sans attendre son mini-wagon. Il échappe à nouveau à ses poursuivants.

Le lendemain, Arno Funke apprend dans le journal qu'il n'a jamais été aussi proche de l'argent que la veille : le wagonnet a déraillé à 23 mètres de sa cachette près de la voie ferrée. Cela ne le console en rien car il a un besoin urgent d'argent. Le butin de KaDeWe est totalement épuisé. Sa petite famille et lui-même vivent désormais de l'aide sociale. Le père de famille a emprunté de l'argent pour les préparatifs complexes et coûteux des remises d'argent qui n'ont pas marché. Il en est au même point qu'il y a six ans, avant son premier chantage : sans ressources et endetté. Mais il ne veut pas franchir la dernière étape et devenir un meurtrier, même s'il désire plus que tout obtenir ces 1,4 million de marks. Le maître-chanteur élabore donc un nouveau plan.

Le 20 avril 1994, Dagobert téléphone à nouveau à la police pour demander une nouvelle remise d'argent. Les enquêteurs parviennent à localiser la cabine téléphonique publique. Une équipe mobile de deux personnes est immédiatement envoyée sur place. En roulant vers le lieu d'intervention, les policiers remarquent une petite voiture blanche. Un vélo pliant est rangé à l'arrière. Le conducteur est assis au volant, les épaules rentrées, le coude sur le bord de la fenêtre et le menton dans une main. Son visage exprime une lourde réflexion. L'un des agents fait vérifier le numéro d'immatriculation du véhicule par le central. Il s'agit d'une voiture de location. Les policiers apprennent de la société de location qu'elle a été loué à une heure correspondant à un appel de Dagobert et que le contrat de location a été prolongé par le client le jour d'une remise de fonds ratée. Cela ne peut pas être une coïncidence ! La police berlinoise obtient le nom et l'adresse complète du client. Désormais, Arno Funke est sous surveillance.

Le 22 avril 1994, les agents en planque devant chez lui, voient Funke quitter son domicile avec un petit garçon. Il installe l'enfant dans une voiture de location et part. Les enquêteurs le suivent jusqu'à une crèche. Le père y dépose l'enfant, remonte dans sa voiture et démarre. Les agents le suivent toujours. Tout semble si ordinaire et normal aux deux policiers qu'ils se demandent de plus en plus s'ils poursuivent vraiment Dagobert, le maître-chanteur du grand magasin. Pourtant, c'est la piste la plus solide depuis le début de cette série de délits. Ils ne doivent pas se relâcher maintenant.

10h15, dans un magasin Karstadt à Berlin : le téléphone sonne dans le bureau de la direction. Au bout du fil, Dagobert fait une nouvelle tentative pour soutirer 1,4 million de marks à la chaîne de grands magasins. Lorsque le maître-chanteur met fin à l'appel, il sort de la cabine téléphonique. Soudain, une BMW de couleur sombre surgit au coin de la rue dans un crissement de pneus. Avant même que Funke ne puisse réagir, les deux policiers se précipitent et lui passent les menottes. « Je suis Dagobert », leur dit l'homme sans détour.

C'est fait ! Après six longues années de chasse, le chat a enfin attrapé la souris.

Le procès du maître chanteur a lieu au cours de l'été 1996. Funke est condamné en deuxième instance à une peine de neuf ans de prison pour extorsion et à verser 2,5 millions de marks (environ 1,2 million d'euros) de dommages et intérêts à Karstadt. Ses troubles cérébraux provoqués par les vapeurs de solvants sont pris en compte pour réduire sa culpabilité. Son épouse, qui ne se doutait pas de la double vie criminelle de son mari, demande le divorce. Après six ans de détention dans la prison de Plötzensee, Arno Funke est libéré en août 2000 pour bonne conduite. Au moment de sa libération, son fils a dix ans. Maintenant qu'il est libre, il voit régulièrement son garçon.

Pendant sa détention, Arno Funke a passé son temps à dessiner des caricatures. Ses œuvres ont attiré l'attention du magazine satirique *Eulenspiegel,* qui l'a embauché en tant que dessinateur. Il a également réalisé des affiches de caricatures pour le parti *Die Linke* dans le cadre de la campagne électorale. Au début, il dessinait à la main, mais aujourd'hui, il réalise ses caricatures sur ordinateur. Mais l'ancien détenu ne se contente pas de dessiner. En 1998, il a publié son autobiographie *Mein Leben als Dagobert* (Ma vie de Dagobert – non traduit en français), suivie de *Ente kross* (Canard croustillant), un livre de caricatures et d'histoires.

Funke a profité de sa popularité auprès du public pour gagner sa vie et éponger ses dettes. Il a donné, entre autres, des conférences à des étudiants sur le thème de la réinsertion sociale et apparaît sur les scènes de théâtre avec son propre programme *Erbrechen lohnt sich nicht,* (Vomir n'en vaut pas la peine) tout à fait dans la lignée de ce qu'il est. Même après trois décennies, le maître-chanteur qui a mené la police par le bout du nez reste un sujet de conversation et un invité apprécié des émissions de divertissement. « Certaines personnes pensent que lorsque j'apparais, il y a une odeur de soufre dans l'air », plaisante l'ancien détenu dans une interview parue dans le *Rheinische Post*. On peut dire qu'il est devenu une célébrité de catégorie C et il n'est pas étonnant qu'en 2013, il ait été candidat au *Camp de la jungle* une émission de téléréalité allemande sur RTL. Même s'il n'a pas été couronné Roi de la jungle, il a empoché un joli cachet de 40 000 euros qu'il a reversé directement à Karstadt.

Funke a aujourd'hui 71 ans. Il n'a plus commis de méfait. Il a payé l'intégralité des dommages et intérêts à Karstadt et n'a plus de dettes. Il est un citoyen resocialisé et son retour à une vie sans délit, est considéré comme exemplaire. Le vieil homme ne pense que rarement à ses crimes. « C'est loin », dit-il. Regrette-t-il ses actes ? Dans une interview donnée au *Rheinische Post*, Dagobert raconte qu'il a du mal avec le repentir. En prison, il a rencontré de nombreux détenus qui parlent de remords mais qui s'apitoient sur leur sort. Tout ce qu'il peut dire lui, c'est qu'il ne referait jamais quelque chose comme le chantage au grand magasin en tant que Dagobert.

Le mal augmentera toujours avec le mal et, s'il ne peut pas vous tuer, il ne fera que s'accroître et vous tourmenter de plus en plus chaque jour.

Johann Wolfgang von Goethe (1749 - 1832),
Poète allemand

CHAPITRE 5

Fermier cherche femme

orsque Sigrid K., originaire de Berlin, fait son ménage, elle allume souvent la télévision pour avoir de la compagnie. Selon l'heure de la journée, cette retraitée de 75 ans aux cheveux argentés et aux lèvres fines s'amuse devant des émissions de variétés, des documentaires passionnants ou s'indigne devant les nouvelles du monde. Au cours de l'après-midi du 29 avril 2016, Sigrid K. tend l'oreille en écoutant les informations qui défilent sur le petit écran.

Elle est en train de repasser lorsqu'un reportage de l'émission télévisée « Brisant », produite par la MDR (*Mitteldeutscher Rundfunk*), parle d'une femme qui a été hospitalisée quelques jours plus tôt pour de graves blessures. La femme aurait été tellement maltraitée par son compagnon et sa sœur dans une ferme de Bosseborn qu'elle a succombé à ses blessures à l'hôpital. Une enquête a été ouverte contre les auteurs présumés, qui sont actuellement en détention provisoire.

Lorsque Sigrid K. voit les photos de la ferme et qu'un journaliste donne l'adresse, Saatweg numéro 6, son sang se glace instantanément. N'est-ce pas dans cette maison que vit sa fille Anika avec son mari Wilfried et sa sœur Angelika ?

La retraitée débranche le fer à repasser et se précipite sur le téléphone. Elle bombarde sa fille de messages et d'appels, mais ne parvient pas à la joindre. Le désespoir l'envahit. Elle a été en contact avec Anika deux semaines plus tôt. Elle lui a écrit que tout allait bien et qu'elle était en bonne santé. Mais maintenant ? Est-il possible que... ? Non ! Sigrid ne peut et ne veut pas y penser. Anika est certainement en train d'être entendue par la police en tant que témoin et va bientôt se manifester. Et effectivement, quelques minutes plus tard, le téléphone sonne.

– Allo ?!?

Dans le combiné ce n'est pas la voix de sa fille, mais celle du compagnon de Sigrid K. :

– Sigrid, il faut absolument que tu allumes la télévision ! Aux infos, ils parlent de...

– Je sais, interrompt Sigrid. Cette maison, à Höxter-Bosseborn... C'est là que nous étions, n'est-ce pas ? C'est là que vit Anika, non ?

Son compagnon lui conseille de se renseigner auprès de la police sur l'état de sa fille. Elle raccroche immédiatement et compose le numéro d'un ami policier. Celui-ci lui promet de demander à ses collègues de Höxter et de la recontacter dès que possible.

Lorsque le téléphone de Sigrid K. sonne à nouveau, le silence est terrible à l'autre bout du fil…

— Je suis désolé… Sigrid mais… Anika n'est plus en vie.

Le cœur de Sigrid se fige ; ses émotions font des montagnes russes. Sa fille : morte ? Non, ce n'est pas possible !

— Tu en es sûr ?

Nouveau silence.

— Oui, dit alors le policier. Je pense qu'il vaut mieux que tu viennes à Höxter avec ton compagnon. Les collègues vous expliqueront tout.

Sigrid remercie son ami, raccroche et compose le numéro de son compagnon, les mains tremblantes. Elle lui raconte ce que le policier lui a dit et tous deux décident de se rendre en voiture à Höxter le soir même. Ils espèrent que tout cela n'est qu'une terrible erreur.

— Madame K., je tiens à vous faire part de mes sincères condoléances et de ma profonde sympathie, dit la policière qui les reçoit dans un bureau de la police de Höxter. Il est près de midi quand la mère d'Anika et son compagnon sont confrontés à la terrible vérité : Anika est morte.

— Ce n'est pas possible ! s'exclame Sigrid en fondant en larmes. Son compagnon lui entoure les épaules et la rassure. Il veut savoir si Anika est bien la femme dont on parle aux informations.

— Non, répond la fonctionnaire. Cette femme vivait également dans la ferme ; selon ce que nous savons elle a succédé à Anika. On suppose que des choses terribles se sont passées dans cette maison.

— Il y a deux semaines, j'écrivais encore à Anika, sanglote Sigrid. Elle disait qu'elle allait bien et que je ne devais pas m'inquiéter.

La policière écarquille les yeux.

— C'est impossible, dit-elle, votre fille est morte depuis presque deux ans.

Anika E. est née en 1980 à Dinkelhausen, un quartier de la petite ville d'Uslar en Basse-Saxe. Elle est la dernière d'une famille de trois filles et ses sœurs sont déjà majeures à sa naissance. Malgré la différence d'âge, une relation étroite les unit, et Anika entretient également une relation très proche avec sa mère. Toutes deux ne manquent pas une occasion de se faire des câlins. Anika aime les animaux et la vie. Des photos prises chez ses parents montrent une jeune fille aux yeux bleus, au visage rond, au nez pointu et aux lèvres fines jouant dans le jardin avec ses sœurs ou avec des animaux dans les bras. En outre, elle change souvent son apparence. La couleur et la longueur de ses cheveux, par exemple, varient au gré de son humeur.

Bien qu'on lui ait diagnostiqué un trouble du développement et qu'elle ait d'abord fréquenté un établissement spécialisé, Anika quitte l'école avec un diplôme de fin d'études, passe son permis de conduire et commence un apprentissage de gestionnaire en économie domestique, qu'elle termine avec succès. Elle travaille ensuite dans une maison de retraite, où elle est très appréciée pour la manière affectueuse, bienveillante et prévenante dont elle s'occupe des personnes âgées.

Mais quelque chose ne marche pas vraiment pour Anika : l'amour. Elle a maintenant 33 ans et n'a pas encore trouvé l'homme de sa vie. Jusqu'à ce qu'elle tombe, au cours de l'été 2013, sur une petite annonce dans le journal, dont le titre « Fermier cherche épouse » attire son attention. Un certain Wilfried de Höxter-Bosseborn, 45 ans, 1,88 m, 108 kg, est à la recherche d'une compagne agréable. Il se décrit comme romantique, proche de la nature, doux et gentil. L'annonce plaît à Anika qui rentre dans son téléphone le numéro de téléphone de Wilfried joint à l'annonce. Puis elle envoie un message à l'agriculteur.

L'alchimie entre les deux est immédiatement harmonieuse et ils ont des contacts réguliers. Wilfried envoie des messages et des photos à l'élue de son cœur du matin au soir. Dans des messages vocaux, il parle de lui et de sa vie à la ferme. Il lui dit qu'il habite avec sa sœur Angelika dans une magnifique petite maison et qu'il s'occupe des oies, des cochons et des poules.

Le téléphone portable de la jeune femme vibre sans arrêt ; elle se promène dans la maison les yeux constamment rivés à l'écran. Même lors de repas en famille, elle se lève d'un bond et disparaît dans sa chambre dès qu'un message de son bien-aimé apparaît. Sa mère la réprimande :

— Tu ne pourrais pas, pour une fois, mettre ton Wilfried de côté quand nous sommes à table tous ensemble ?

— Laisse-moi tranquille, rétorque Anika qui ne comprend pas les réflexions de sa mère. Pourquoi ne se réjouit-elle pas que sa fille ait enfin trouvé l'homme de sa vie ?

Après quelques semaines d'échanges intensifs, Wilfried fait comprendre sans équivoque à la jeune femme qu'ils n'auront un avenir commun que si Anika vient aménager chez lui et l'épouse le plus tôt possible afin qu'ils puissent fonder une famille. Sinon, leur relation n'a aucun sens pour lui. Elle accepte immédiatement. Le fait que la sœur de Wilfried, Angelika, habite aussi dans la maison ne la dérange pas. Elle sait que presque toutes les fermes sont des exploitations familiales.

Mais lorsque l'aide-soignante découvre sa nouvelle maison, son rêve d'une vie de conte de fées éclate comme une bulle de savon. La coquette maisonnette que Wilfried lui avait décrite n'existe pas. A la place, Anika se retrouve devant la porte d'entrée en bois d'un taudis délabré. La maison a deux étages, une façade grise, un toit en tuiles rouges et une grange attenante. Dans chaque pièce, des montagnes de déchets s'amoncellent jusqu'au plafond, les murs sont humides et envahis par la moisissure, le papier peint de la cuisine est déchiré.

Bien qu'elle se sente mal à l'aise, elle décide d'ignore ses doutes et de s'accrocher. Tout ce qu'elle veut, c'est être heureuse pendant des années avec son grand amour. Qui se soucierait alors du lieu où il vit ?

Mais peu après qu'elle a franchi le seuil de la maison, l'horreur commence vraiment pour Anika. L'attitude affectueuse de son futur mari a disparu. Il l'oblige à lui remettre tous ses objets personnels, comme son téléphone portable et son portefeuille avec son contenu. La jeune femme se voit également interdire tout contact avec ses voisins et le monde extérieur ; elle peut seulement envoyer des messages à sa mère de temps en temps et lui parler au téléphone sous haute surveillance.

Dans les semaines qui suivent, Wilfried traite sa compagne comme une esclave. Anika doit quitter son travail d'aide-soignante afin de s'occuper uniquement de la maison. Elle doit faire le ménage, la cuisine et lui apporter du thé à des heures précises. Lorsqu'il lui parle, elle doit le regarder dans les yeux et ne pas le contredire. Si elle ne suit pas les règles, elle est punie. Chaque jour qu'Anika passe dans la maison, elle perd un peu plus de liberté.

La première gifle ne tarde pas à atterrir sur le visage de celle qui est traitée comme une bonne à tout faire. Mais elle est tellement aveuglée par son amour pour Wilfried qu'elle ne se défend pas et passe outre, pensant que le comportement de Wilfried à son égard est justifié.

Le matin du 18 octobre 2013, Wilfried et Anika se disent « oui » au bureau d'état civil de Höxter. La mariée est vêtue d'un chemisier noir, le marié porte un costume gris foncé avec une chemise blanche et une cravate à rayures rouges et noires. Tous deux ont un papillon en papier orange au revers de leur veste.

Le mariage est célébré dans une stricte intimité, selon la volonté de Wilfried. Seule sa sœur Angelika assiste à la cérémonie en tant qu'invitée. Même la mère d'Anika, qui de toute façon ignore tout du mariage de sa fille, n'est pas là pour le grand jour. Une fois la cérémonie terminée, Angelika prend une photo souvenir, puis tous trois vont déjeuner.

C'est par hasard que Sigrid K. apprend que sa fille s'est mariée. En novembre 2013, elle tente en vain de joindre Anika par téléphone pour s'enquérir de sa santé. Lorsque le répondeur se déclenche, elle reconnaît la voix de sa fille qui donne un nouveau nom de famille : « Anika W. »

« Oh, tu es mariée maintenant ? dit Sigrid dans la boîte vocale. Dommage que nous n'ayons pas été invités. »

Plus tard, Anika l'appelle et s'excuse. Wilfried ne voulait que sa famille soit au courant du mariage. Sigrid K. accepte cette explication mais elle ne veut pas laisser passer le mariage de sa fille sans rien faire. Elle se rend avec son compagnon à Höxter-Bosseborn pour donner un peu d'argent aux nouveaux mariés. La retraitée de 73 ans espère enfin rencontrer son gendre à cette occasion.

Mais cet espoir s'évanouit très vite, car lorsque Sigrid et son compagnon arrivent au Saatweg 6, la porte d'entrée reste fermée même après avoir sonné plusieurs fois. Il ne leur reste plus qu'à glisser l'enveloppe dans la boîte aux lettres et à repartir.

Peu avant Noël 2013, Anika revient dans sa ville natale d'Uslar pour rendre visite à sa mère. C'est la première fois depuis près de six mois qu'elles peuvent à nouveau se serrer dans les bras, mais une distance inconfortable s'est glissée entre elles. Sigrid explique à sa fille qu'elle est, certes, ravie que celle-ci soit désormais mariée et qu'elle ait apparemment trouvé l'homme de sa vie, mais elle est tout de même un peu déçue qu'Anika s'isole de plus en plus de sa famille. Anika entend cette remarque avec un sourire fatigué. Elle semble nerveuse et sur le qui-vive en permanence ; moins d'une demi-heure après son arrivée, elle veut déjà repartir.

Au moment de prendre congé, Sigrid propose à sa fille d'emballer quelques affaires et de les emmener avec elle, mais Anika refuse. Lorsqu'elle demande à Anika si elle est venue en voiture, la jeune femme explique que c'est sa belle-sœur, Angelika, qui l'a conduite jusqu'ici. D'ailleurs, cette dernière l'attend devant la maison.

— Ah, c'est bien , dit Sigrid, tu veux que je t'accompagne à la voiture ? Comme ça, je pourrai faire sa connaissance.

— Je ne préfère pas, rétorque Anika, tu ne dois pas la rencontrer.

Ce qu'Anika veut dire par là, sa mère ne peut pas encore le deviner.

Angelika est une femme de petite taille avec une coupe de cheveux à la Prince Vaillant (une bande dessinée qui se passe au Moyen Âge), des yeux d'un bleu profond, un nez de travers et une verrue sous une bouche aux lèvres fines d'où sortent des dents pourries. Dans les semaines qui suivent, c'est elle qui transforme peu à peu la torture, le plus souvent psychologique, de Wilfried envers son épouse, en violence physique.

Anika est de plus en plus souvent maltraitée et frappée par Angelika et Wilfried. On lui arrache des touffes de cheveux, on lui verse de l'eau bouillante sur le corps, on la pousse dans les escaliers ou on la torture à l'électricité. Elle subit ces atrocités selon le bon plaisir de Wilfried et Angelika ou lorsqu'ils lui reprochent de s'être mal comportée. De toute façon, les tâches qui lui sont imposées sont prévues de manière à ce qu'elle échoue tôt ou tard dans leur exécution et soit odieusement punie par ses tortionnaires.

La jeune femme maigrit de plus en plus car elle ne mange qu'occasionnellement. Et lorsque c'est le cas, les plats strictement rationnés sont tellement épicés qu'Anika souffre d'une terrible sensation de soif après les avoir consommés. Tout ce qu'elle peut boire, c'est l'urine de Wilfried. La nuit, elle est attachée nue à un radiateur avec des menottes ou doit dormir dans la baignoire ; elle n'a pas le droit d'utiliser les toilettes. Souvent, Wilfried et Angelika font en sorte qu'Anika se salisse pendant la nuit pour avoir une raison de la punir le matin.

Le 3 août 2014, Anika succombe à ses graves blessures. Durant les derniers jours de sa vie, elle ne peut presque plus parler, se plaint de vertiges et semble ne plus rien voir. Wilfried et Angelika l'enferment alors dans la grange pour la nuit. Le lendemain matin, ils constatent que l'état de leur victime s'est terriblement détérioré. Mais au lieu d'appeler les secours, ils laissent la porte de la grange ouverte afin de vérifier si Anika a la force de s'échapper. La jeune femme arrive à faire quelques pas en direction de la liberté, mais elle s'effondre et sa tête heurte le sol. Avec ses dernières forces, elle revient dans son coin en rampant, s'allonge et ne bouge plus ; le lendemain, elle est morte.

Wilfried veut enterrer Anika sous le tas de fumier ou la jeter dans la fosse à purin, mais Angelika le persuade de placer, pour l'instant, le corps squelettique et torturé de sa victime dans le congélateur. C'est ce qu'ils font après avoir fermé les yeux d'Anika. Mais comme le corps ne rentre pas complètement dans le coffre, Angelika pousse la tête vers le bas et la coince avec une pizza. Puis ils rabattent le couvercle.

Quelques jours plus tard, le frère et la sœur se rendent dans un magasin de bricolage et achètent une scie ainsi que des gants en latex. Conserver la dépouille d'Anika dans la maison est trop risqué. Le corps doit être découpé. Dès lors, Angelika découpe chaque nuit des morceaux d'Anika, les broie et les brûle dans le poêle. Pour éviter que le bruit de la scie n'alerte les voisins, Angelika place un lecteur de CD à côté du congélateur et écoute de la musique à fond. Pendant ce temps, Wilfried dort dans le salon et laisse faire sa sœur.

Une fois le corps entièrement découpé et brûlé, Wilfried et Angelika se débarrassent du four et du congélateur et mettent les cendres d'Anika dans un sac de sable. Ils partent ensuite en voiture et répandent le mélange le long de la route. La dernière épouse de Wilfried n'est plus qu'un souvenir.

Pour dissimuler la disparition d'Anika, ils prétendent qu'elle a déménagé à Amsterdam. Angelika continue d'envoyer des messages à Sigrid K. au nom « d'Anika ». Elle affirme qu'elle va bien et qu'il ne faut pas s'inquiéter.

Elle ne souhaite pas téléphoner pour le moment et ne reçoit pas de visite. Sigrid ne se doute de rien et accepte la volonté de sa « fille ». Pendant 635 jours !

Nous sommes le 21 avril 2016 et il est un peu plus de 22 heures. Susanne F., 41 ans, est recroquevillée sur la banquette arrière d'une Opel Corsa Combo blanche. Son corps émacié est couvert d'hématomes, ses muscles se crispent régulièrement. Sous son corps, deux sacs poubelles sont étalés pour qu'elle ne souille pas le revêtement des sièges avec son urine.

A travers ses paupières mi-closes, Susanne distingue deux silhouettes sur les sièges avant. Celles de Wilfried et Angelika qui l'ont maltraitée et torturée pendant des mois. De temps en temps, leurs visages sont éclairés un court instant par la lumière jaune des lampadaires. Le couple a décidé de ramener Suzanne chez elle à Bad Gandersheim, une ville thermale située dans le district de Northeim en Basse-Saxe, pour qu'elle y meure.

Susanne s'assoupit à plusieurs reprises au cours de ce voyage infernal. Soudain la voiture se met à caler et à faire des bruits étranges. « C'est pas vrai », crie Angelika en appuyant sur l'accélérateur à plusieurs reprises, « Allez, avance ! ». Mais la voiture continue de ralentir et termine sa course près d'un arrêt de bus sur la route nationale 64 à Eschershausen.

Angelika sort de la Corsa et se précipite vers l'un des immeubles situés à proximité. Elle sonne à une porte et demande à utiliser le téléphone ; elle est tombée en panne avec sa voiture et veut appeler un taxi.

Lorsqu'elle revient vers Wilfried, celui-ci désigne Susanne d'un air inquiet : « Regarde, elle a des convulsions. » Angelika fait une grimace. Au même moment, elle voit des phares approcher. C'est le taxi commandé qui s'arrête à côté de la Corsa Combo. Il est 22h35.

— Vous avez demandé un taxi ? demande le chauffeur.

— Oui, répond Angelika en jetant encore une fois un coup d'œil à Susanne, mais en fait, nous avons besoin d'une ambulance !

Le chauffeur de taxi est perplexe. Il donne tout de même sa carte de visite à Wilfried et Angelika avant de repartir.

A 22h53, le centre de contrôle de Northeim reçoit un appel d'urgence. Au bout du fil, Angelika indique qu'une de ses connaissances ne se sent pas bien et qu'elle a besoin d'un médecin d'urgence. Elle indique la rue et le lieu approximatif où elle se trouve, puis elle raccroche.

Quelques minutes plus tard, l'air froid de la nuit se remplit du bruit d'une sirène et le gyrophare de l'ambulance plonge la scène dans une lumière bleue. Les secouristes voient immédiatement que Susanne est très peu vêtue malgré la température presque hivernale. Ils constatent une grave hypothermie. De plus, le couple qui accompagne la patiente leur paraît très étrange. Angelika ne veut pas révéler son nom aux secouristes et affirme que Susanne F. n'a pas de famille et qu'elle vit dans un foyer pour femmes à Gelsenkirchen.

La femme ne réagit plus et ses blessures sont très graves. Elle est immédiatement transportée dans l'ambulance à l'hôpital Helios de Northeim ; pendant ce temps, Wilfried et Angelika se font ramener à Höxter-Bosseborn par le chauffeur de taxi qu'ils ont de nouveau appelé.

Sont-ils tirés d'affaire ?

Une heure plus tard, Susanne F. succombe à ses blessures. Sur son corps, les médecins ont trouvé des traces de ligatures, des hématomes, des plaies couvertes de croûtes, des coupures ainsi que plusieurs marques de piqûre sur les bras et les jambes. Il ne reste presque plus rien de son abondante chevelure blonde et des ongles de ses pieds ont été arrachés.

Dans la nuit, l'hôpital Helios informe la police de Göttingen, à environ 25 kilomètres de là, d'un « décès non élucidé ».

C'est alors que commence l'enquête sur ce qui est, probablement, l'un des crimes les plus spectaculaires et les plus cruels du 21e siècle en Allemagne.

L'autopsie ayant conclu à un homicide suite à des coups portés par un objet contondant sur le crâne et le tronc de la victime, la police de Rhénanie-du-Nord-Westphalie et la brigade criminelle de Bielefeld mettent sur pied la cellule « Bosseborn », composée de 40 personnes. Wilfried et Angelika W. sont arrêtés le 27 avril 2016, soit cinq jours après la mort de Susanne, en tant qu'auteurs présumés. Un jour plus tard, le tribunal d'instance de Höxter ordonne un mandat d'arrêt pour homicide. La ferme du Saatweg 6 est désormais officiellement désignée comme lieu du crime et est mise sous scellés.

Lors d'une première fouille, les enquêteurs exhument des montagnes d'ordures de nombreux documents, photographies et enregistrements vidéo de plusieurs femmes, qui leurs donnent des raisons de croire que Susanne n'est pas la seule à avoir été victime des machinations de Wilfried et Angelika… et ils ont raison.

Quelques jours plus tard, une femme de 51 ans, Christel P., originaire de la région de Berlin, se manifeste et affirme avoir également été retenue prisonnière dans la « maison de l'horreur de Höxter », comme les médias l'ont entre-temps baptisée, et avoir été maltraitée par Wilfried et Angelika W. Elle affirme également avoir été victime de violences physiques et psychologiques. La police souhaite explorer cette piste et envoie une équipe d'enquêteurs à Berlin pour l'interroger. Ces derniers se retrouvent face à une femme aux cheveux mi-longs, aux yeux sombres et au visage marqué par la vie, qui révèle des détails effroyables sur son séjour dans la ferme du Saatweg 6, entre fin 2011 et début 2012.

Christel P. raconte qu'elle est entrée en contact avec Wilfried par le biais d'une annonce dans le journal. Ils se sont bien entendus et, après quelques appels téléphoniques, Wilfried lui a proposé de venir la chercher en voiture à son domicile et de l'emmener à Höxter. Comme il n'avait pas le permis de conduire, sa sœur Angelika, qui vivait avec lui dans la maison, l'accompagnerait.

Lorsque le frère et la sœur sont arrivés un après-midi froid de décembre 2011 dans une sorte de « voiture blanche pour transporter des chiens », Christel P., remplie d'espoir, était déjà devant chez elle avec ses valises. Depuis son divorce, deux ans plus tôt, cette ouvrière vivait de petits boulots, seule, dans un immeuble gris de Magdebourg.

Après une présentation réciproque rapide et une brève discussion, il a été décidé d'un commun accord de reporter les rituels de bienvenue à plus tard en raison du trajet de près de deux heures et demie pour revenir à Höxter-Bosseborn.

Dans la voiture, Wilfried et Angelika ont été loin de se montrer prévenants à l'égard de Christel : prétextant le manque de place à l'avant, elle est reléguée à l'arrière, sur la plateforme de chargement séparée du conducteur par une grille.

A l'arrivée du trio à Höxter-Bosseborn tard dans la nuit, Wilfried a montré à sa nouvelle conquête les oies, les cochons et les poules puis tout le monde est allé se coucher dans le salon, la seule pièce chauffée de la maison ; Wilfried et Christel sur le canapé, Angelika sur un matelas à côté.

Au cours des trois premières semaines, le nouveau départ espéré par Christel semble tenir ses promesses : Wilfried se montre sous son meilleur jour, il est gentil et affectueux. Pour cette femme de 47 ans, il n'y a aucun doute : elle a enfin trouvé l'homme de sa vie. Lorsque les policiers lui demandent si elle aurait vraiment pu s'imaginer vivre pour toujours dans cette bâtisse délabrée, Christel avoue qu'elle pensait pouvoir faire quelque chose de cette maison. Mais une telle rénovation coûte aussi beaucoup d'argent, répliquent les enquêteurs, et de l'argent, la famille W. n'en avait apparemment pas. Christel n'a-t-elle pas eu des doutes ? « Je n'ai pas posé de questions », répond-elle.

Début janvier 2012, l'ambiance s'est soudainement détériorée. Christel est assise sur le canapé lorsque Wilfried, « sans crier gare », frappe son amie en plein visage. « J'étais complètement abasourdie. Je ne savais pas ce que j'étais censée avoir fait, explique la femme aux policiers. Je suis allée dans un coin et j'ai pleuré. »

A partir de ce moment-là, confie-t-elle, l'attitude affectueuse du fermier a cessé. Il la frappait régulièrement, lui donnant des coups de poings dans le ventre, jusqu'à la tuer ; Christel, prise au piège, a supplié plusieurs fois son ami de la laisser rentrer chez elle.

« Va-t›en ! », lui aurait alors lancé Wilfried. Mais comment s'enfuir avec des portes et des fenêtres constamment fermées ?

« Je n›ai pas été seule une seconde, raconte Christel. Ils m'avaient tout pris : mon téléphone portable, mon portefeuille avec tous mes papiers, la clé de mon appartement à Magdebourg ... tout. Je ne pouvais pas partir et marcher sans rien. »

Une fois, elle a tenté d'attirer l'attention des voisins sur sa situation et a été terriblement punie. « Wilfried m'a jetée par terre dans la cuisine et m'a étranglée tellement fort que j'ai failli perdre connaissance. Ensuite, Angelika m'a aspergé le visage de spray au poivre. »

Les semaines suivantes ont été un véritable calvaire pour Christel P. Angelika lui aurait rasé les cheveux, l'aurait enchaînée dans l'étable avec les cochons et l'aurait forcée à se tenir pieds nus dans le fumier. Comme Christel n'avait pas le droit d'aller aux toilettes la nuit, elle était obligée d'utiliser la litière du chat, sous la surveillance constante de ses tortionnaires qui la regardaient souffrir en riant.

Après une « grosse dispute » au printemps 2012, au cours de laquelle Wilfried a notamment frappé Christel au visage avec une pelle, le couple a finalement laissé partir sa victime. Mais, comme elle le rapporte, avant de la faire monter épuisée dans un train pour Magdebourg à la gare de Bielefeld, ils lui ont demandé d'expliquer par écrit à la police qu'elle s'était blessée en tombant dans les escaliers. Une fois chez elle, Christel a placé une armoire devant la porte de son appartement et n'a pas osé sortir pendant plusieurs jours. Ce n'est que maintenant, quatre ans plus tard, lorsqu'elle a appris par les informations l'arrestation de Wilfried et d'Angelika, qu'elle a eu le courage de se rendre à la police et de raconter son histoire.

La maison du Saatweg 6 est fouillée depuis début mai 2016 par des agents de l'Office régional de police criminelle de Rhénanie-du-Nord-Westphalie et par les enquêteurs de la cellule « Bosseborn ». Ils y découvrent des indices concernant d'autres victimes présumées et, en particulier, de nombreux papiers d'auto-accusation signés par des femmes qui y étaient détenues. Cela incite les enquêteurs à étendre leurs recherches à une période comprise entre 1998 et 2016. Ils tombent alors sur un détail qui éclaire l'affaire sous un jour totalement nouveau.

Les auteurs présumés ne sont pas frère et sœur, comme ils se présentaient au départ à leurs futures victimes, mais un couple marié depuis 1999. Ils ont même eu un enfant ensemble ; en 2013, le mariage a été dissous pour raisons financières.

Confrontée à ces nouveaux éléments, Angelika affirme alors avoir été victime des accès de violence de Wilfried.

Angelika B., comme elle s'appelait avant son mariage avec Wilfried, est née le 21 janvier 1970 à Herford et a grandi dans une ferme à Lockhausen. Enfant, on lui trouve un QI de plus de 120, ce qui la fait passer pour une surdouée. Elle a un sens élevé du devoir et une très bonne mémoire. Angelika aime les animaux. Elle raconte qu'elle a toujours donné un coup de main dans la ferme de ses parents et qu'elle n'a jamais eu de « meilleure amie ». Une fois son diplôme de fin d'études secondaires en poche, elle a commencé un apprentissage de jardinière, qu'elle a terminé avec succès. Après la mort de son père, Angelika, âgée à l'époque de 29 ans, aurait été poussée par sa mère à trouver un mari, ce qui l'aurait amenée à répondre à la petite annonce de Wilfried W. de Bochum, qui avait à peu près le même âge qu'elle. Ce dernier aurait été immédiatement séduit par Angelika et les jeunes gens se seraient donné rendez-vous pour faire connaissance. Une rencontre qu'Angelika décrit comme un « coup de foudre ». Lors de ce premier contact, il lui aurait notamment révélé qu'il était très endetté, raison pour laquelle Angelika lui aurait parlé de ses importantes économies et promis un soutien financier.

Ils se marient huit semaines plus tard et Angelika quitte son emploi de jardinière. La femme, qui a aujourd'hui 46 ans, raconte que Wilfried l'avait déjà battue et humiliée plusieurs fois ; il lui aurait notamment mis une couverture sur la tête une vingtaine de fois et se serait ensuite couché sur elle, jusqu'à ce qu'elle soit presque inconsciente. Au cours des années suivantes, et à sa demande, elle aurait passé d'innombrables petites annonces afin d'attirer des femmes seules dans la maison de Höxter. Elle était le premier contact des futures victimes et se faisait passer pour la sœur de Wilfried ; les femmes devaient être traitées comme des esclaves.

Alors qu'Angelika reconnaît les faits et profite de l'occasion pour se présenter comme une victime, son ex-mari reste silencieux face aux accusations. Lors d'un interrogatoire, peu après son arrestation, il déclare n'avoir maltraité aucune femme. Selon lui, son ex-femme est la seule responsable de toutes ces atrocités. Mais est-ce vrai ? Angelika a-t-elle agi seule ?

Des faits contredisent le témoignage de Wilfried. En effet, en 1995 ce paysan robuste a été condamné par le tribunal d'instance de Paderborn à près de trois ans de prison pour avoir tenu en esclavage sa femme de l'époque et l'avoir gravement maltraitée.

Wilfried a également un CV plutôt chaotique : il est né en 1970 à Bochum et a fréquenté une école spécialisée en raison de difficultés en lecture et en orthographe. Plus tard, il a déménagé chez le compagnon de sa mère dans une ferme à Bad Lippspringe. Le jeune homme a commencé une formation de maître-chien dans les rangs de l'armée britannique mais l'a interrompue pour aider à la ferme ;

il a ensuite entrepris un apprentissage de mécanicien automobile.

A 21 ans, il vivait de l'aide sociale et entretenait une relation avec une certaine Michaela ; au cours de l'été 1994, il s'est marié avec une femme de Paderborn, tout en poursuivant la relation avec Michaela. Cette dernière avait même emménagé dans le nouvel appartement du couple et participait aux mauvais traitements infligés par Wilfried à son épouse. Pour ce délit, ils ont été condamnés à des peines d'emprisonnement de deux ans et neuf mois pour l'un et d'un an avec sursis pour l'autre.

C'est après sa sortie de prison que Wilfried rencontre sa future épouse Angelika en 1999. Le couple divorce après 14 ans de mariage en raison de problèmes financiers, mais continue à vivre ensemble dans la maison de Höxter-Bosseborn. En octobre 2014, Wilfried contracte son troisième mariage avec Anika, dont il a obtenu de l'argent (donné par sa mère Sigrid) pour financer un kiosque à la gare de Brakel.

Angelika dit-elle vraiment la vérité ? A-t-elle été elle aussi victime de son ex-mari ? Wilfried l'a-t-il forcée à maltraiter d'autres femmes, ou était-elle parfaitement au courant de son passé et s'en sert-elle maintenant pour raconter une histoire dramatique afin de se tirer d'affaire ? Pour le parquet de Paderborn, il ne fait en tout cas aucun doute que Wilfried et Angelika ont tous deux participé aux mauvais traitements infligés aux femmes. C'est pourquoi, le 21 septembre 2016, une plainte est déposée contre les accusés pour double homicide involontaire ainsi que pour violences physiques multiples. Le procès débute le 26 octobre 2016, à la cour d'assises du tribunal de Paderborn.

Angelika est vêtue d'un anorak vert et cache son visage derrière un porte-documents rouge face aux appareils photo des journalistes. Wilfried, quant à lui, n'hésite pas à montrer au public son visage rond, parsemé de poils de barbe. Ses yeux d'un bleu perçant sont cachés derrière des lunettes noires, mais dégagent une sérénité totale. Sa bouche fine se crispe en un rictus narquois.

Les deux accusés ont beau être unis par leur long mariage et leurs crimes, présumés communs, ils sont séparés dans la salle d'audience. Entre eux, l'atmosphère est glaciale ; leurs regards ne se croisent pas une seule fois. Par précaution, le tribunal a placé deux collaborateurs de justice entre eux afin d'éviter tout contact.

En face du banc des accusés se trouve Sigrid K. qui s'est constituée partie civile dans le procès. C'est la première fois qu'elle regarde les visages des personnes qui ont cruellement maltraité et tué sa fille.

Après le départ des journalistes et le retour du calme dans la salle, le procureur général se lève pour lire l'acte d'accusation. Wilfried suit la scène d'un regard calme ; il ne fait que secouer la tête quand il est dit que l'accusé a étranglé une femme. Les yeux d'Angelika sont fixés sur les lèvres du procureur général. De temps en temps, elle parcourt le public du regard ou lève les yeux au plafond.

Pour le tribunal, la question de la culpabilité des deux accusés est au centre du procès. Qui a joué quel rôle dans la « maison de l'horreur de Höxter » ? Pour les avocats de Wilfried et ceux d'Angelika, la question est vite résolue : c'est l'autre qui est seul responsable. Aucun d'eux ne veut confirmer l'image de leur client respectif comme étant celle d'un monstre présumé. La différence réside dans leurs aptitudes intellectuelles, selon l'avocat de Wilfried. Angelika, avec son « excellente mémoire », son QI élevé et sa facilité à s'exprimer, peut être considérée comme une manipulatrice, et il craint que les déclarations de son client soient mal interprétées en raison de sa maladresse verbale et de son attitude peu sûre. C'est pour cette raison qu'il a été décidé que Wilfried se tairait dans un premier temps.

Pour l'avocat d'Angelika, il est en revanche indiscutable que sa cliente a été manipulée par son ex-mari et qu'elle a été poussée à commettre des abus. Certes, elle a reconnu les faits, mais elle aurait agi sur l'ordre exclusif de Wilfried.

Afin de donner une image plus objective de leur culpabilité, une experte médico-légale a examiné les deux accusés. Elle a conclu qu'Angelika présentait des « traits d'autisme », qu'elle utilisait la sexualité comme un « instrument de pouvoir » et qu'elle ne pouvait éprouver aucune compassion pour ses semblables ou ses victimes. De plus, elle est très intelligente et extrêmement consciente de son pouvoir et de sa domination. Wilfried, quant à lui, a une vision du monde du niveau d'un enfant de l'école primaire. Il est constamment à la recherche du « grand amour », mais ne sait pas ce que cela signifie réellement. « On ne peut pas lui apprendre la culpabilité ou la responsabilité de ses actes ». Il a une responsabilité réduite. Selon l'experte, la faute est imputable aux deux accusés. Ils auraient développé ce qu'ils considèrent comme un système parfait pour attirer les femmes dans un piège. Mais ce système ne repose pas tant sur l'un ou l'autre des accusés que sur leur coopération. Sans cela les violences perpétrées à Höxter n'auraient pas été possibles.

Le 5 octobre 2018, presque deux ans après le début du procès et après 60 jours d'audience, le tribunal de Paderborn condamne Angelika W. à une peine de 13 ans de prison et son ex-mari Wilfried à une peine de 11 ans de prison, pour double meurtre ainsi que pour meurtre par négligence. Concernant Wilfried, il est en outre ordonné de le placer dans un hôpital psychiatrique. Le tribunal n'a pas tenu compte de la demande du ministère public et des parties civiles qui avaient plaidé pour une peine de prison à vie, vu la gravité particulière des fautes. Le fait qu'Angelika ait contribué de manière décisive à l'élucidation de l'affaire, a finalement atténué sa peine. Wilfried, en raison de son faible QI, a été juridiquement considéré comme un « faible d'esprit » et donc comme un coupable à responsabilité réduite.

Pour toutes les personnes concernées, il s'agit finalement d'un jugement satisfaisant. Même pour Sigrid K., qui a fait régulièrement le voyage depuis Berlin pour les audiences. Elle a presque toujours gardé son calme, même lorsqu'Angelika a décrit en détail devant le tribunal comment elle et son ex-mari ont systématiquement torturé Anika avant de se débarrasser de son corps. « Pour moi, c'est un bon jugement », a commenté Sigrid. Deux ou trois ans de plus n'ont aucune importance.

La mère d'Anika a reçu une lettre de Wilfried. Elle ne sait pas si elle doit la garder ou la jeter à la poubelle. La lettre commence par :

« Chère Madame K. » puis suit une déclaration, écrite en lettres malhabiles et en mots maladroits, expliquant à quel point Wilfried est désolé pour tout. Et la lettre se termine par :

« Je n'oublierai jamais Anika. Elle vivra toujours dans mon cœur.

Avec tout mon amour,

Wilfried ».

Mais s'il a tué, il doit mourir.

Emmanuel Kant (1724-1804)
philosophe allemand

CHAPITRE 6

Le semi-remorque

Lukasz est épuisé. Ce chauffeur-livreur polonais a conduit son lourd semi-remorque depuis l'Italie jusqu'à Berlin ; il vient de manœuvrer un chargement de 25 tonnes d'acier à travers la République fédérale d'Allemagne et il est maintenant bloqué sur le parking de l'entreprise Thyssenkrupp Schulte, sur l'avenue Friedrich Krause le long des berges. Le déchargement de son camion a du retard. Il ne pourra avoir lieu que demain mardi. Il a eu beau implorer le contremaître de l'entreprise, cela n'a rien donné et Lukasz s'est résigné. Il va devoir passer la nuit à Berlin. Il s'est offert un kebab pour le déjeuner et maintenant, il faut attendre et tuer le temps.

L'homme est un costaud. Il s'installe confortablement dans le siège bien rembourré du conducteur, penche la tête en arrière et ferme les yeux. Le réveillon de Noël est dans quelques jours. L'essentiel est qu'il soit de retour en Pologne d'ici là. Sa femme et son fils attendent toujours avec impatience son retour, et particulièrement à la période de Noël, une fête où l'on célèbre l'amour et la famille.

Le trentenaire, plongé dans ses pensées, ne remarque pas la silhouette qui s'approche de son semi-remorque. Lorsque l'inconnu tambourine sur la portière, Lukasz sursaute et voit à travers la vitre le visage sympathique d'un jeune homme. Il se redresse sur son siège. C'est peut-être un collègue qui a besoin d'aide. Au moment où Lukasz ouvre la lourde portière, le visage de l'homme se transforme en un rictus malveillant et le chauffeur se retrouve face au canon d'une arme. La peur le paralyse. Il ne peut ni réagir ni dire quoi que ce soit. L'inconnu pointe le pistolet sur sa victime tétanisée et gravit les marches de la cabine. Lukasz doit se glisser sur le siège passager, tandis que l'homme au pistolet s'installe confortablement sur le siège conducteur. Le chauffeur polonais respire difficilement ; des sueurs froides dégoulinent dans son dos. Les yeux écarquillés et les mains en l'air, il observe l'étranger. Celui-ci ne dit pas un mot, mais l'arme dirigée sur Lukasz parle pour lui. Le chauffeur en est sûr : peu importe ce que cet homme a l'intention de faire, il ne plaisante pas.

Un court instant plus tard, un coup de feu déchire le silence tendu qui règne dans la cabine de conduite. Lukasz s'effondre sur le siège du passager. La balle l'a grièvement blessé et sa lutte contre la mort, qui va durer des heures, a commencé.

Anis Ben Othman Amri est né le 22 décembre 1992 dans la ville tunisienne de Tataouine. Il est le plus jeune des neuf enfants de Mustafa et Nour Amri. Peu après la naissance du garçon, cette grande famille déménage et s'installe dans la localité de Oueslatia, qui compte 9000 habitants. C'est un bastion du salafisme, un courant ultraconservateur et violent de l'islam.

La famille, qui compte donc onze personnes, vit dans une extrême pauvreté. Pour pouvoir nourrir ses cinq filles et ses quatre fils, la mère, Nour, travaille comme femme de ménage. Le père, Mustafa, était ouvrier agricole. Mais après un grave accident, il est tellement diminué physiquement qu'il ne peut plus travailler dans les champs. Désormais, il livre des légumes de commerce en commerce dans une charrette tirée par un âne.

La religion n'est pas un sujet de préoccupation dans la famille Amri. Les femmes ne portent pas le voile ; on ne prie pas. Anis est un adolescent ordinaire qui fait la fête, boit de l'alcool et écoute de la musique pop. A l'âge de 15 ans, il commence à se rebeller et abandonne l'école. De temps en temps, il fait des petits boulots pour garder la tête hors de l'eau. Lorsqu'il est à court d'argent, il vole. En même temps, il commence à consommer de la drogue pour s'évader d'un quotidien ennuyeux. A ce moment-là, il a déjà complètement échappé à ses parents. Même ses frères et sœurs n'ont plus d'influence positive sur le jeune rebelle.

2011 est l'année du printemps arabe. Dans les pays d'Afrique du Nord et dans de nombreux pays du Proche-

Orient, des manifestations, des révoltes et des révolutions éclatent contre les régimes totalitaires en place. Anis Amri, jeune homme sans perspectives d'avenir, a maintenant 19 ans. Il prend la fuite et suit les nombreux jeunes Tunisiens qui se lancent dans le dangereux voyage en bateau vers l'île de Lampedusa, promesse d'une vie meilleure. Le 5 avril 2011, la police italienne enregistre l'entrée illégale du jeune Tunisien. Cependant, il ne donne pas sa véritable année de naissance. Il se rajeunit de deux ans, ce qui fait de lui un réfugié mineur non accompagné qui doit bénéficier d'une protection particulière en raison de son âge.

Le jeune homme trouve refuge dans le foyer d'une fondation catholique à Belpasso, une ville de Sicile où les jeunes sont pris en charge et peuvent fréquenter une école locale. Mais le comportement social d'Anis pose constamment problème. Il terrorise ses camarades de classe et se montre régulièrement violent à leur égard. Les difficultés ne se limitent pas à l'école. Anis n'obéit à rien ni à personne. Dans son foyer, il s'associe à quatre autres jeunes en révolte. Ensemble, ils protestent. Ils estiment que la nourriture qu'on leur prépare est mauvaise, qu'on ne leur donne pas assez de cigarettes, qu'il n'y a pas d'alcool et que la durée de la procédure de demande d'asile n'est pas raisonnable.

Les éducateurs du foyer sont compréhensifs envers les jeunes. Chaque adolescent a sa propre histoire, souvent triste, et ils ont vécu des traumatismes. Quand on y ajoute la frustration, il n'est pas rare que des explosions de violence se produisent. Mais le personnel du foyer ne peut rien contre la rage destructrice qui émane d'Anis Amri et de sa bande. Le 22 octobre 2011, les cinq adolescents poussent les choses trop loin en mettant le feu à plusieurs pièces du foyer et en frappant l'un des éducateurs à coups de poing et de pied. Les dégâts matériels s'élèvent à 30 000 euros.

Moins d'un an s'est écoulé depuis son départ de Tunisie, lorsque Anis, 19 ans, est condamné à quatre ans de prison dans le cadre d'une procédure judiciaire suite à l'incident survenu au foyer. Il est libéré en mai 2015, et entre-temps il a été transféré à deux reprises dans d'autres établissements pénitentiaires car il est incapable de maîtriser son agressivité. Il insulte et harcèle ses codétenus jusqu'à ce que des bagarres éclatent. Il saccage sa cellule et s'en prend au personnel pénitentiaire. Rempli de haine, Anis menace un autre prisonnier de religion chrétienne : « Je vais te couper la tête ! ». Suite à cela, il fait l'objet d'une surveillance particulière.

Après sa sortie de prison, l'administration pénitentiaire fait un rapport détaillé au Comité d'analyse stratégique antiterroriste sur le séjour d'Anis en prison. Le personnel pénitentiaire craint que le jeune homme ne se radicalise, car il a ouvertement sympathisé avec les idées du terrorisme islamiste pendant sa détention.

C'est dans la ville sicilienne de Caltanissetta que se trouve le Centre d'identification et d'expulsion des réfugiés clandestins. Anis Amri y arrive après sa sortie de prison. Il doit quitter le pays et retourner en Tunisie. Mais des tergiversations bureaucratiques entre les deux pays empêchent son expulsion. Les responsables italiens affirment que le gouvernement tunisien leur a déclaré que le réfugié n'était pas originaire de Tunisie et qu'ils ne pouvaient donc pas lui délivrer de papiers d'identité. Or, ces documents sont obligatoires pour l'expulsion.

Pourtant, le consulat tunisien à Palerme avait déjà délivré un certificat de naissance à Anis Amri en juin 2011 et l'avait transmis aux autorités italiennes compétentes. Bien que l'identité du réfugié soit ainsi établie sans aucun doute, les Italiens ne procèdent pas à l'expulsion. Bien sûr, personne ne se doute à ce moment-là que cette omission va entraîner une catastrophe.

Amri est à la dérive entre les États et les compétences de chacun. Il ne sait pas ce qu'il adviendra de lui. Le 17 juin 2015, il doit quitter le Centre d'identification et d'expulsion des réfugiés clandestins. Les autorités italiennes lui ont donné sept jours pour quitter le pays, quelle que soit sa destination.

Mais pour le moment, les autorités italiennes chargées de la sécurité intérieure ne quittent pas des yeux le réfugié clandestin, malgré, ou peut-être à cause, de l'invitation à quitter le pays. Ils en sont sûrs : Amri, désormais classé comme islamiste radical, tente de prendre pied sur la scène djihadiste italienne. Les partisans de ce mouvement pensent qu'il est de leur devoir religieux de défendre l'islam par la violence contre les infidèles et les musulmans ayant d'autres convictions. Mais une défaillance survient lors de la surveillance d'Anis Amri. Les forces de sécurité le perdent de vue et n'ont d'autre choix que de saisir toutes les informations qu'elles ont recueillies dans le système d'information Schengen, (le SIS), et de lancer un avis de recherche.

Dans la vie du jeune homme qui a maintenant 23 ans, les jours et les mois suivants se ressemblent. Il reste dans l'espace Schengen car il n'y a pas de contrôle des personnes aux frontières des pays qui en font partie. Amri décide de se rendre en Suisse, illégalement. Là-bas, les autorités n'ont aucune chance de le repérer et de l'enregistrer. Le Tunisien se cache. Surtout ne pas se faire remarquer car il sait déjà qu'il a une mission importante.

On suppose qu'en Suisse le jeune homme a pris contact avec les salafistes locaux. On suppose également que ces hommes l'ont soutenu et ont établi des liens avec la scène salafiste en Allemagne. C'est ainsi que sa prochaine destination a été fixée : Anis va entrer en République fédérale d'Allemagne.

En 2015 et 2016, la crise des réfugiés atteint son apogée en Europe. Plus d'un million de réfugiés, de migrants et d'autres personnes en quête de protection quittent des pays peu sûrs et parfois pauvres pour se rendre en Europe. Anis profite de la fuite de ces personnes désespérées. C'est dans la chaleur de l'été 2015 qu'il entre lui aussi en Allemagne. Son passeport tunisien en poche, il se présente au commissariat de police de Fribourg-Nord. Comme il n'a pas l'intention de révéler sa véritable identité aux agents, il déclare ne pas avoir de passeport. Son nom serait Anis « Amir », au lieu de « Amri ». Il ment également sur sa date de naissance et dit qu'il vient directement de Tunisie et veut demander l'asile en Allemagne.

Comme pour tous les demandeurs d'asile, les fonctionnaires entrent les données indiquées par jeune Tunisien dans le système d'information Schengen. Mais en raison de l'inversion des lettres du nom que l'homme donné, le SIS ne peut pas avertir les autorités de la présence du réfugié. Et c'est ainsi que le Tunisien reçoit ce qu'on appelle un BüMA : une attestation de déclaration en tant que demandeur d'asile. Une fois ce document important en poche, Anis doit se rendre au centre de premier accueil de Karlsruhe. En même temps, les fonctionnaires ouvrent une enquête pour entrée illégale sur le territoire allemand. Quelques jours plus tard cependant, ils doivent abandonner la procédure. En effet, Anis n'est jamais arrivé à Karlsruhe. Personne ne sait où il se trouve actuellement. Il fait l'objet d'un signalement en vue d'une enquête.

A ce moment-là, Amri est déjà à Berlin et se présente à nouveau dans un centre d'accueil. Il se fait désormais appeler « Mohammad Hassan » et obtient à nouveau un BüMA. Après quelques allers-retours, étant donné que de nombreux centres d'accueil sont déjà complets, « Mohammad » échoue dans le district de Kleve, dans un centre d'hébergement pour réfugiés. Ici, à Emmerich, il y a encore une petite place pour le jeune homme.

Nous sommes fin octobre 2015 lorsque le service des étrangers, inquiet, s'adresse à la police. Il rapporte que le voisin de chambre de « Mohammed Hassan » a fait une découverte préoccupante sur le téléphone portable du réfugié. Une photo sur laquelle plusieurs hommes vêtus de noir posent avec des kalachnikovs et des grenades à main. Les fonctionnaires se rendent immédiatement compte de la gravité potentielle de la situation. Ils lancent une procédure pour vérifier si la photo a un éventuel arrière-plan islamiste. Ils ne parviennent toutefois pas à établir un lien entre « Mohammad Hassan » et le dangereux islamiste Anis Amri.

Pendant ce temps, le sympathisant de la cause islamiste voyage librement à travers la République fédérale d'Allemagne et demande l'asile sous au moins quatorze identités différentes dans différentes villes où il se fait également verser des prestations sociales à chaque fois. Sous le nom d'emprunt « Ahmed Almasri », il réside jusqu'en mars 2016 dans la ville d'Oberhausen, en Rhénanie-du-Nord-Westphalie.

Amri prend contact avec le réseau salafiste-djihadiste. La figure principale de ce réseau est Abu Walaa, originaire d'Irak et vivant à Hildesheim, en Basse-Saxe. Celui-ci a fondé en 2012 le « Cercle islamique germanophone de Hildesheim e.V. ». Mais Walaa n'utilise pas seulement cette plateforme pour diffuser ses sermons haineux. Sur YouTube, Facebook et Telegram, il diffuse également ses opinions empreintes de colère et de destruction sous le couvert d'un islam pacifique. Ses agissements ne passent pas inaperçus des services de sécurité, qui ont classé le prédicateur haineux comme une personne dangereuse. Il fait désormais l'objet d'une vigilance particulière. Après des années de surveillance effectuée par le Service de protection de la constitution, il est clair qu'Abu Walaa joue à ce moment-là un rôle central en Allemagne dans le recrutement de combattants pour l'EI, l'État islamique. Son réseau de recrutement s'est étendu dans presque toutes les grandes villes d'Allemagne.

Le Serbo-allemand Boban Simeonovic, alias Abdurrahman, occupe également une fonction importante dans le réseau à ce moment-là. Il opère depuis Dortmund, en Rhénanie-du-Nord-Westphalie. Le parquet général fédéral décrira plus tard ses fonctions de la manière suivante : « Enseigner à des personnes partageant les mêmes idées et souhaitant quitter le pays, outre la langue arabe, des contenus islamiques radicaux. L'enseignement avait pour but de créer les bases idéologiques et linguistiques pour une future activité au sein de l'EI, notamment pour participer à des combats ». Anis Amri, qui vient de temps en temps à Dortmund, vit chez Simeonovic lors de ses séjours. Grâce à lui, il a aussi parfois la possibilité de conduire la prière dans différentes mosquées de la ville. En raison de ses liens avec Simeonovic, Anis Amri est désormais, lui aussi, classé comme « dangereux » en Rhénanie-du-Nord-Westphalie.

Dès l'été 2015, un petit cercle secret se réunit dans la mosquée du « Cercle islamique germanophone de Hildesheim e.V. ». Anis Amri participe à ces réunions. Les hommes discutent des possibilités de commettre un attentat terroriste islamiste en Allemagne. Certes, Amri s'entraîne également pour aller combattre en Syrie, mais l'idée d'un attentat-suicide en Allemagne lui plaît beaucoup et il décide de ne pas quitter le pays.

Au même moment, une enquête est déjà en cours contre Abu Walaa. Dans le cadre de cette enquête, l'Office criminel du Land de Rhénanie-du-Nord-Westphalie tente d'infiltrer un informateur dans le réseau de Walaa. L'opération réussit, et le 19 novembre 2015, l'informateur rapporte au LKA (Office régional de la police criminelle) qu'il est tombé, lors de ses recherches sous couverture, sur un jeune homme qui se fait appeler Anis. Celui-ci aurait raconté vouloir « faire » quelque chose en Allemagne. Une semaine plus tard seulement, l'informateur fait savoir qu'Anis prétend pouvoir se procurer « sans problème une kalachnikov à Naples ». Une semaine plus tard, l'informateur se montre plus concret : Anis veut se procurer une kalachnikov à Paris. Avec cette arme, il aurait l'intention de commettre un attentat terroriste en Allemagne.

Suite à ces informations, le procureur général ordonne une surveillance des communications (TKÜ) d'Anis Amri. En mai 2016, la surveillance n'étant plus autorisée par la loi, elle est interrompue. Walaa et quatre de ses complices sont arrêtés le 8 novembre 2016 pour avoir dirigé un « réseau de recrutement salafiste-djihadiste de l'EI ». Dans l'enquête contre Walaa, Anis ne joue toutefois qu'un rôle secondaire. Dans le cadre de la TKÜ, aucun indice concret ne permet aux services de sécurité d'arrêter Amri. Il est considéré comme un contact, mais pas comme un accusé ; il est seulement un personnage marginal. Ce qui va se révéler être une grave erreur d'appréciation.

Berlin, quartier de Charlottenburg, 19 décembre 2016. C'est le temps de l'Avent. La Breitscheidplatz, près de l'église du Souvenir construite entre 1891 et 1895 en mémoire de l'empereur Guillaume Ier, est en pleine effervescence. Le marché de Noël avec ses nombreux petits stands en bois invite à s'attarder, à fouiner pour trouver des cadeaux et à boire un gobelet de vin chaud. Les chansons classiques de Noël résonnent dans les haut-parleurs et l'air frais de l'hiver est imprégné de l'odeur des amandes grillées, des pommes confites et de la barbe à papa. Des groupes plus ou moins importants de familles et d'amis se promènent d'un stand joliment décoré à l'autre. Ils discutent et rient. La plupart d'entre eux ont déjà pris leurs vacances de Noël et dans quelques jours seulement, ce sera le réveillon. Un bon repas, du temps avec les proches, des cadeaux emballés de toutes les couleurs. L'ambiance est à la joie et à la fête.

Anis Amri est au volant du 25 tonnes qu'il a détourné et il s'approche du marché de Noël. A côté de lui, sur le siège passager, Lukasz, lutte toujours contre la mort. A chaque respiration, une partie de sa force vitale s'échappe. Amri ne se laisse pas impressionner par l'homme en train de mourir à ses côtés. La main gauche sur le volant, il sort son téléphone portable de sa poche de l'autre main. Il active l'appareil photo, règle le mode selfie, fait un sourire satisfait, touche le bouton rouge de l'écran, c'est tout. En gardant un œil sur la circulation, il envoie la photo qu'il vient de prendre à l'un de ses coreligionnaires et tape un message : « Mon frère, tout ira bien, si Dieu le veut. Je suis maintenant dans le camion, prie pour moi mon frère, prie pour moi ». Puis il replace son téléphone portable dans la poche de son pantalon.

Vers 20 heures, Amri dirige le semi-remorque noir depuis la Kantstraße vers le marché de Noël. En l'espace d'une seconde, la fête se termine dans du bois qui explose, des pneus qui crissent, du verre qui se brise et des hurlements de panique. Lukasz, affaibli par ses blessures, ne peut rien contre la violence du choc. Il perd son combat désespéré contre la mort.

Lorsque le camion et son chargement s'immobilisent après avoir parcouru 80 mètres, un silence sinistre s'installe pendant quelques terribles secondes avant qu'une tempête de gémissements, de cris de douleur et d'appels au secours ne se déchaîne. La Breitscheidplatz ressemble alors à un champ de bataille rempli de débris, de blessés et de cadavres.

Le terroriste qui, à son grand étonnement, a survécu à l'attaque qu'il vient de mener, prend une décision en quelques secondes. Il ouvre la porte de la cabine et s'enfuit. A 20h02, les premiers appels d'urgence désespérés parviennent à la police et aux pompiers. Un témoin rapporte qu'il poursuit l'auteur de l'attentat en fuite. Il tient les policiers informés par téléphone portable, jusqu'à ce qu'il perde le terroriste de vue près de la colonne de la Victoire. Mais les forces de l'ordre accourues en nombre parviennent à l'arrêter. On pousse un soupir de soulagement. Le meurtrier est arrêté. C'est un demandeur d'asile pakistanais.

Quelques heures plus tard, l'homme est relâché. Il n'est pas l'auteur de l'attentat de la Breitscheidplatz. Lorsque la police comprend son erreur, elle est sous le choc. Cette arrestation d'un innocent a permis au véritable auteur de l'attentat de prendre la fuite sans être inquiété. Dieu sait où il se trouve désormais ! Le fait de croire que le Pakistanais était l'auteur de l'attentat a empêché l'entrée en vigueur d'une mesure de sécurité importante. En effet, en cas d'attentats possiblement islamistes, il est prévu que toutes les personnes considérées comme dangereuses doivent être contactées dans leurs lieux de résidence connus.

Cette vérification n'a pas eu lieu et cela arrange les affaires d'Anis Amri. Le terroriste armé peut se rendre à son appartement de la Freienwalderstraße en toute tranquillité. Une fois arrivé, il se change à la hâte et prépare un sac à dos avec quelques effets personnels. Il quitte ensuite précipitamment son logement. Alors que la population stupéfaite tente de comprendre l'incompréhensible, le meurtrier se mêle à la foule sans se faire repérer. Il monte dans les métros et les bus et laisse la capitale derrière lui pour toujours.

Le camion est examiné par les experts le lendemain de l'attentat. Sur le plancher de la cabine, ils trouvent le portefeuille d'Amri et son téléphone portable. Dans la calandre du camion, la police scientifique trouve également un autre téléphone portable appartenant aussi à l'auteur de l'attentat. Comment ce téléphone a-t-il pu se retrouver là ? Mais cela n'a plus d'importance, les services de sécurité savent désormais qu'Anis Amri est l'individu qu'ils recherchent ! Une chasse à l'homme est lancée dans toute l'Europe pour retrouver le terroriste.

Le Tunisien, lui, a déjà quitté le pays. Il a pris le bus et le train pour se rendre de Berlin aux Pays-Bas, puis en France, avant d'arriver en Italie. Il sait qu'il n'y a pas d'échappatoire possible. Le monde entier le cherche. Tôt ou tard, ils le trouveront. Il n'était pas prévu qu'il survive à l'attentat. Il ne lui reste plus qu'à fuir sans réfléchir et sans aucun plan.

Italie, Sesto San Giovanni, 23 décembre 2016, à 3 heures du matin. Deux policiers remarquent un jeune étranger. Il ressemble à l'auteur recherché de l'attentat de la Breitscheidplatz. Ils décident de procéder à un contrôle d'identité de routine. Les patrouilleurs s'approchent de l'inconnu et l'interpellent : « Passeport ? Carte d'identité ? » L'étranger attrape son sac à dos, l'ouvre et fouille dedans. L'instant d'après, l'un des policiers remarque un objet noir dans sa main. Mais avant même qu'il ne réalise ce que c'est, il voit un flash lumineux. Une forte détonation déchire le silence. Le policier blessé s'écroule avec une douleur brûlante à l'épaule. Son collègue comprend immédiatement la situation, il sort son arme et la pointe sur l'agresseur. Il met en joue. Une forte détonation de nouveau et un éclair. Anis Amri s'effondre sur l'asphalte mouillé, qui devient bientôt rouge sang. La fuite du tueur est terminée. Il est mort.

Anna et Georgiy Bagratuni, Sebastian Berlin, Nada Cizmar, Fabrizia Di Lorenzo, Dalia Elyakim, Christoph Herrlich, Klaus Jacob, Angelika Klösters, Dorit Krebs et Peter Völker ont été tués lors de l'attentat terroriste islamiste de la Breitscheidplatz. Seul le système automatique de freinage d'urgence (AEB) du camion, auquel Amri n'avait pas pensé lors de la planification de son attentat, a permis d'éviter que d'autres innocents soient massacrés. L'AEB s'est déclenché après que le semi-remorque a percuté les premiers stands de Noël.

Cinquante-cinq personnes ont été blessées, parfois grièvement, dans cet attentat. Certaines des forces d'intervention sur place, pompiers et policiers, ont subi de graves traumatismes qui les accompagneront encore pendant de nombreuses années.

Le lendemain du terrible attentat, un silence inquiétant règne sur la Breitscheidplatz. Le ciel est sombre et rempli de nuages. Il semble que l'éther se joigne à la tristesse et à la stupeur des gens. La pluie s'abat sur le marché de Noël ; ou plutôt sur ce qu'il en reste. Les débris des baraques sont enlevés. Les chalets en bois qui n'ont pas été endommagés ont fermé leurs volets. Du ruban rouge et blanc ferme l'accès. Femmes, hommes et enfants, jeunes et vieux, de toutes nationalités et croyances, sont venus avec des fleurs et des bougies. Des policiers lourdement armés prennent les offrandes à la barrière ; ils déposent les fleurs pour les personnes en deuil et allument les bougies jusqu'à ce qu'une mer de lumière se forme.

Un vent froid fouette les gens sur le parvis de l'église. Ils sont venus prier pour les morts, les blessés et leurs proches lors d'un service funèbre dans l'église du souvenir. La plupart des familles touchées, dont celle de Lukasz, n'ont pas pu venir ici aujourd'hui. Le choc et la douleur qui viennent de s'abattre sur elles, sans aucun avertissement, sont trop grands.

Les gens affluent lentement dans l'église du souvenir. Parmi eux se trouvent également des politiciens de haut rang. Les gens frissonnent en prenant place sur les bancs durs et glacés de l'église. Le froid est partout, alors qu'il devrait régner une chaude ambiance de Noël. « Comment doivent se sentir les familles qui ont perdu des êtres chers ou qui craignent pour leurs proches gravement blessés ? », se demandent-ils.

La chancelière allemande Angela Merkel, toute de noir vêtue, exprime son soutien à la population dans un discours : « Nous ne voulons pas vivre avec la peur du mal qui nous paralyse. Même si c'est difficile en ces heures, nous trouverons la force pour la vie telle que nous voulons la vivre en Allemagne : libre, ensemble et ouverte. »

Personne n'a pu dire ce jour-là si les personnes touchées par cet attentat pourront trouver la force de vivre l'après.

On enferme les petits voyous, les grands on les salue.

Proverbe souabe

CHAPITRE 7

L'habit fait le moine

Nous sommes en 1849. Tandis que Guiseppe Mazzini proclame la République romaine dans les États pontificaux, la révolution entamée en mars 1848 continue de tenir la population en haleine dans la Confédération allemande.

C'est au milieu de tous ces troubles politiques que Friedrich-Wilhelm Voigt voit le jour le 13 février 1849 à Tilsit, en Prusse orientale. Son père, Johann Carl Christian Voigt, maître cordonnier de son état, pratiquait alors l'escrime à Baden sous le règne de l'empereur Guillaume Ier.

Dans la famille Voigt, la participation aux campagnes militaires est une tradition. Les grands-pères de Friedrich-Wilhelm ont déjà pris part aux campagnes de 1813 à 1815 et le jeune garçon développe lui aussi, très tôt, un goût pour l'armée. D'autant plus que dans sa ville natale de Tilsit, il est assez courant qu'un garçon joue au soldat dès qu'il sait marcher. L'appartement de la famille Voigt étant situé juste en face de la caserne du 1er régiment de dragons lituaniens, une relation amicale s'établit entre Friedrich-Wilhelm et les hommes du régiment, ce qui lui permet d'acquérir des connaissances militaires dès son plus jeune âge. La famille est confiante dans l'avenir du garçon et espère qu'il pourra utiliser l'armée comme tremplin pour obtenir un poste prestigieux.

C'est surtout son « oncle Patzig », le premier mari d'une sœur de sa mère, qui joue un rôle décisif dans le développement du garçon. Cet oncle, mécanicien de profession, est un homme de savoir. Il apprend à son neveu à lire, à écrire et à compter avant même son entrée à l'école. Ces connaissances précoces donnent à Friedrich-Wilhelm un avantage considérable sur ses camarades lorsque, en 1855, il entre à l'école municipale locale qui n'a que trois classes. En 1858, il passe à la Realschule (l'école secondaire).

Jusqu'alors, le parcours de l'enfant est marqué par la réussite, mais tout va brusquement changer lorsque Friedrich-Wilhelm atteint l'adolescence. A l'origine du changement dans la vie du garçon, il y a la violence de son père qui a commencé à jouer peu après le décès prématuré de l'oncle Patzig. L'homme se fait régulièrement dépouiller par les autres joueurs si bien que l'argent commence à manquer, ce qui menace la survie de la famille. Mais rien détourne le père de sa passion et la famille essaie de dissimuler au mieux sa situation financière précaire.

Pour se soustraire aux fréquentes « scènes de ménage », Friedrich-Wilhelm quitte souvent la maison familiale en cachette et se réfugie chez des proches à Königsberg, à 110 kilomètres de là. Lors de ces fugues, il a régulièrement affaire aux forces de l'ordre. En 1863, il a 14 ans quand il est surpris pour la première fois en train de voler et se retrouve condamné à deux semaines de prison par le tribunal de district de Tilsit.

Après sa condamnation, Friedrich-Wilhelm ne peut plus fréquenter l'école et doit trouver une solution. Il décide d'apprendre le métier de son père. C'est ainsi que l'apprenti cordonnier va voyager à travers une grande partie de la Poméranie et du Brandebourg. Mais même au cours de ces longues randonnées, il ne parvient pas à se défaire de ses activités délictueuses. En 1867, à l'âge de 18 ans, il est condamné à douze ans de prison pour falsification de documents.

En 1889, moins d'un an après avoir purgé sa peine, Friedrich-Wilhelm Voigt fabrique à nouveau des faux documents et commet même un vol peu après : à l'aide d'un pied de biche, il pille la caisse du tribunal dans le district prussien de Wongrowitz. Ce délit le conduit en prison « pour vol aggravé » et cette fois-ci, il est condamné à quinze ans.

Lorsqu'il sort en 1906, Voigt a déjà 57 ans et a passé plus de la moitié de sa vie derrière les barreaux.

Désormais, Friedrich-Wilhelm a l'intention de laisser ses anciennes habitudes derrière lui et de gagner sa vie « honnêtement ». Il décide de ne pas rechercher un emploi dans l'Empire allemand et veut prendre un nouveau départ en Autriche-Hongrie ou en Russie. Il n'y a qu'un seul obstacle : Voigt a besoin d'un passeport pour mener à bien son projet, et celui-ci lui est refusé en raison de ses antécédents judiciaires.

C'est pourquoi il s'installe d'abord à Wismar, dans le Mecklembourg, où il tente sa chance chez le cordonnier de la cour, Hillbrecht. Mais il est rapidement expulsé du duché de Mecklembourg-Schwerin et, après de nombreux détours, il arrive finalement à Berlin-Rixdorf, où il est hébergé chez sœur Bertha. Il trouve même du travail dans l'usine de chaussures en feutre Albert Viereck, mais il est constamment surveillé par les autorités. C'est ainsi qu'en août 1906, la police interdit à Voigt de séjourner dans la région de Berlin « par précaution ». Le rêve du cordonnier de « continuer à travailler honnêtement et peut-être d'installer un jour à Bernau un magasin de chaussures du fournisseur de la cour de Wismar » s'évanouit.

Néanmoins, Voigt brave l'interdiction de séjour et s'installe discrètement dans un logement non déclaré à Berlin-Friedrichshain, près de la gare de Schlesische Bahnhof. Dans un premier temps, il conserve son emploi dans l'usine de chaussures mais, en raison de son interdiction de séjour, il n'a aucune perspective d'avenir et démissionne début octobre 1906.

Comme les autorités lui refusent toujours un passeport, Voigt élabore un plan machiavélique pour se procurer le document : il décide de se déguiser en capitaine de l'armée prussienne et de se rendre dans les locaux des autorités avec quelques soldats, « enrôlés » au préalable. Là, il occupera les lieux et se procurera le formulaire nécessaire sous un prétexte quelconque afin de mettre fin à son statut d'interdit de séjour. Ce qui sera appelé la « Köpenickiade » vient de voir le jour.

Lors de la mise au point de son projet, le cordonnier s'inspire de l'écrivain Heinrich Von Kleist qui, dans sa nouvelle *Michael Kohlhaas*, décrit de manière impressionnante sa campagne contre les autorités. Voigt, se sentant lui aussi trahi par la justice, veut que l'on se souvienne de lui.

Il a acheté chez le brocanteur Bertold Remlinger à Potsdam un uniforme de capitaine, certes un peu usé, mais encore en assez bon état.

Il a décidé de se présenter avec sa troupe de soldats à l'hôtel de ville de Köpenick. Pas en raison d'un contexte historique particulier, mais parce que la ville lui semble la plus facile à atteindre en train depuis l'endroit où il se cache. Ce choix a une autre raison. En effet, Voigt ne veut pas seulement récupérer un passeport. Comme il est au chômage et manque d'argent, il veut aussi cambrioler le coffre-fort de la mairie de Köpenick dont on dit qu'il contient deux millions de marks. De toute façon, le projet de Voigt est voué à l'échec avant même d'avoir commencé, car les passeports ne sont pas délivrés dans une mairie, mais dans une autre administration.

Pour ne pas risquer d'être vu dans son déguisement, et éventuellement démasqué par d'autres habitants de l'immeuble, Voigt enfile l'uniforme gris de capitaine prussien, avec son col bleu, ses gros boutons et sa ceinture blanche à boucle dorée, dans la nuit du 16 octobre 1906 et il sort dans la rue déserte vers 3h30.

Il prend le train pour Köpenick à 4 heures du matin à la Schlesischer Bahnhof, afin de repérer les lieux. Le magnifique hôtel de ville, un bâtiment de briques achevé en 1905 avec sa tour d'horloge de style gothique, se trouve au centre de la vieille ville de Köpenick, construite au 12e siècle et située sur une île entre la Dahme et la Spree.

Après avoir observé tout ce qu'il voulait savoir, le faux capitaine retourne à Berlin vers 6 heures. Il y reste quelques heures, puis prend un fiacre pour se rendre à Wedding, un quartier de Berlin, où il déjeune dans un restaurant avec jardin. En chemin, Voigt rencontre un major du service des dirigeables et appréhende pendant quelques minutes d'être percé à jour. Mais le major ne remarque rien d'anormal ; le déguisement fonctionne.

Après le repas, le faux capitaine déambule quelque temps dans la Seestraße, jusqu'à ce qu'il tombe, au croisement de la Sylterstraße, sur un groupe de soldats du régiment de fusiliers de la Garde. On les surnomme « Maikäfer », les « Hannetons ». Voigt saisit l'occasion et, avec un fort accent de Prusse orientale, il ordonne à la compagnie de « faire halte ». Le caporal se met au garde-à-vous et fait au faux capitaine le rapport réglementaire sur le « d'où venez-vous ? » et le « où allez-vous ? ». Selon le caporal, son unité de quatre personnes serait sur le chemin du retour vers la caserne après avoir monté la garde à la piscine militaire du lac de Plötzen. D'un ton sec, Voigt ordonne au hommes de ne pas se rendre à la caserne maintenant car un nouvel ordre est arrivé « d'en haut ». Il ordonne ensuite au caporal de faire venir un deuxième groupe de soldats du 4e régiment de la Garde, ce qu'il fait sans poser de question. Quand le deuxième groupe de soldats arrive, il fait également son rapport au faux capitaine. Ensuite, le caporal du premier groupe est chargé de commander la troupe et le caporal du deuxième groupe se place à la fin de la formation. Voigt donne alors l'ordre de partir.

Comme il n'a soi-disant pas réussi à « réquisitionner » des véhicules, le faux capitaine conduit la troupe, qui compte désormais onze hommes, à la gare de Putlitzstraße et achète des billets pour le train de Berlin qui va les amener à Köpenick. Lors d'un arrêt à Rummelsburg, Voigt offre une bière aux soldats qui ne sont pas rentrés à la caserne après leur service et n'ont pas eu l'occasion de se rafraîchir ; lui-même prend un cognac pour 25 pfennigs. Lorsque le train arrive à Köpenick en début d'après-midi, le faux capitaine met un mark dans la main de chacun de ses hommes et les laisse déjeuner pendant quinze minutes au restaurant de la gare, tout en faisant les cent pas dans le couloir.

À l'heure convenue la troupe se rassemble devant le bâtiment de la gare et Voigt effectue la répartition des tâches en vue de l'intervention prévue à la mairie. Le faux capitaine explique aux soldats qu'il va « arrêter le maire et peut-être d'autres messieurs ». Il leur fait mettre la baïonnette au canon afin de leur rappeler qu'ils ne sont « pas venus pour le plaisir, mais pour le service ». Il estime qu'il n'est pas nécessaire de donner des instructions sur la façon de traiter les individus, car l'expérience lui a appris que quiconque a servi, ne serait-ce qu'un an, sait comment traiter un détenu.

A l'arrivée à l'hôtel de ville, Voigt commence par placer des hommes autour du bâtiment. Il décide que les fusiliers de la Garde, les « Hannetons » occuperont les trois portails de l'hôtel de ville avec un poste de garde chacun. Voigt ordonne à un gendarme qui traîne dans l'escalier d'honneur, de « retourner immédiatement en service » et d'assister le chef de troupe auquel il donne le commandement de la mairie.

Voigt présente ses stratégies et donne ses ordres avec un tel calme et une telle sérénité que personne ne soupçonne que tout cela n'est qu'une vaste arnaque. Et plus son plan semble fonctionner, plus le faux capitaine, qui a dû s'incliner devant les autorités et se cacher toute sa vie, s'imprègne de son rôle.

Avant de se rendre à l'intérieur de l'hôtel de ville, Voigt rappelle expressément à ses hommes que personne ne peut quitter ou entrer dans le bâtiment sans son ordre. Vers 15h30, accompagné de six grenadiers du 4e régiment de la Garde et d'un fusilier, il se rend au premier étage, directement dans le bureau du secrétaire de mairie, Rosenkranz.

Lorsque le faux capitaine ouvre la porte, Rosenkranz est assis derrière son bureau face à une pile de dossiers. Voigt l'informe qu'il doit se préparer à partir immédiatement, car il a pour mission de le conduire à la Neue Wache à Berlin. Rosenkranz suit les instructions sans poser de question. Après quoi le faux capitaine se rend dans le bureau du maire de Köpenick, le Dr Georg Langerhans, situé à côté. Celui-ci est tout d'abord surpris par la visite des militaires, mais se lève affolé lorsqu'il reconnaît le grade du faux capitaine qui lui annonce qu'il doit l'arrêter « sur ordre suprême » et l'emmener à la Neue Wache.

Le Dr Langerhans, abasourdi, s'enquiert de la raison de son arrestation, ce à quoi Voigt répond qu'il n'en connaît pas la raison exacte et qu'il saura tout « là-bas ». Mais le Dr Langerhans n'en démord pas et exige que le capitaine lui montre un quelconque « papier officiel » qui le légitimerait pour cette arrestation. Voigt aboie que sa légitimité, ce sont ses soldats et menace le récalcitrant d'emprisonnement s'il continue à désobéir aux ordres de sa majesté. Le bourgmestre s'avoue vaincu.

Afin d'asseoir encore davantage son autorité, Voigt ordonne à deux de ses soldats de se placer de part et d'autre du maire, tandis que lui-même se rend à la caisse située au rez-de-chaussée. En chemin, Voigt fait un détour par le bureau de l'inspecteur de police Jäckel, qu'il trouve endormi dans son fauteuil. Le faux capitaine le réveille et lui demande s'il est payé par la ville de Köpenick pour rester assis à somnoler ; il devrait avoir la décence de sortir et de faire régner l'ordre dans les rues devant la mairie. L'inspecteur de police obéit immédiatement à l'ordre de « Monsieur le capitaine », mais revient quelques minutes plus tard, perplexe et désemparé.

« On ne m'a pas laissé sortir », balbutie-t-il avant de demander au faux capitaine de l'autoriser à s'absenter. Voigt comprend que l'homme a un besoin urgent et il lui accorde son congé. L'homme s'éclipse alors pour aller aux toilettes.

Dans la pièce où se trouve le coffre, Voigt met le trésorier von Wiltburg devant le fait accompli : le maire de la ville de Köpenick a été arrêté et lui, le capitaine, a tout pouvoir pour commander la mairie. Voigt ordonne au trésorier de faire l'inventaire de la caisse et lui explique qu'il doit tout saisir, en raison « d'irrégularités dans les travaux de canalisation actuellement en cours à Köpenick. »

Après que le trésorier a compté et recompté précisément l'argent, qui doit être acheminé par le bureau de poste local, ce sont exactement 4 002 marks et 37 pfennigs qui atterrissent dans de petits sacs que le faux capitaine fait venir et sceller. Voigt signe la quittance demandée par le trésorier avec le nom de son dernier directeur de prison, « von Mahlzahn », et la mention « H.i.1.G.R. » soit Capitaine au 1er régiment de la Garde. Pour finir, Voigt fait conduire les détenus à Berlin en fiacre ; un soldat du régiment de fusiliers de la Garde sert d'escorte. Voigt lui-même reste en arrière.

Lorsque le groupe arrive à la Neue Wache, tout le monde se regarde sans comprendre. Personne n'est au courant d'une occupation militaire de la mairie de Köpenick et de l'arrestation du maire. Peu à peu, ils réalisent qu'ils ont été victimes d'un imposteur.

Toutes les tentatives qui vont suivre pour retrouver le faux capitaine échoueront, puisque Voigt, évidemment, a filé avec son butin. Une fois l'opération terminée, il a donné un peu d'argent aux gardes stationnés devant l'hôtel de ville pour qu'ils s'achètent une bière, des saucisses et des billets de retour, et leur a ordonné de rester en place encore une demi-heure. Il s'est ensuite rendu à la gare de Köpenick pour rentrer à Berlin par le prochain train. Auparavant, il s'est fait servir un verre de bière au restaurant de la gare, qu'il a vidé « d'un trait ».

Arrivé à Berlin, Voigt a rangé son uniforme dans une boîte en carton et s'est acheté un costume, un manteau ainsi qu'un chapeau chez le meilleur tailleur pour hommes de la ville, qu'il a payé avec un billet de mille marks. Puis il a repris sa place dans la vie civile et a disparu dans la fourmilière de la cité.

Pendant ce temps, la nouvelle du siège de la mairie de Köpenick se répand comme une traînée de poudre, et bientôt la farce du faux capitaine est connue bien au-delà des frontières du pays. Le lendemain, les premières cartes postales et caricatures sont déjà en vente, et des tracts qui relatent l'affaire sont distribués dans les rues.

L'autoritaire État de Prusse orientale devient la risée générale. « Toute l'Allemagne en rit », titrent les journaux en première page, non sans malice. L'empereur Guillaume II aurait même qualifié Voigt de « type génial ». Néanmoins, comme il est hors de question que ces moqueries continuent, il offre une forte récompense pour la capture de l'imposteur.

Quelques jours plus tard, les autorités reçoivent une information décisive. Une brute du nom de Kallenberg raconte que son ancien compagnon de cellule, Friedrich-Wilhelm Voigt, lui a un jour confié qu'il préparerait un tel coup dès qu'il serait libéré.

Lorsque la police présente aux employés de la mairie de Köpenick une photo de Voigt tirée de son dossier, ils le reconnaissent immédiatement. On connaît désormais l'identité du faux capitaine - et au passage Kallenberg s'enrichit de 3000 marks.

Mais une question demeure : où est-il ?

Il ne peut pas s'être complètement volatilisé. Des passants ont trouvé son uniforme dans l'enceinte de l'aéroport Tempelhof de Berlin mais les enquêteurs n'arrivent à rien et il n'y a toujours aucune trace du faux capitaine.

Lorsque la police se rend enfin chez la sœur de Voigt à Rixdorf, où l'homme est toujours enregistré, celle-ci se montre très coopérative. Elle fournit aux policiers l'adresse du refuge où vit son frère… un coup de chance auquel la police a du mal à croire. Le matin du 26 octobre 1906, dix jours après son escroquerie, Voigt est arrêté. Cinq semaines plus tard, le 1er décembre 1906, le faux capitaine doit répondre devant la troisième chambre pénale du tribunal de grande instance II de Berlin, d'exercice non autorisé d'une charge publique, de port non autorisé d'uniforme, d'escroquerie, de falsification de documents et de séquestration illégale.

Au cours du procès, suivi par des journalistes du monde entier, le public découvre que Voigt n'a jamais fait partie de l'armée et qu'il a acquis ses connaissances militaires dès sa plus tendre enfance. Comment donc a-t-il réussi à tromper toutes les personnes impliquées dans la « Köpenickiade » ? Même le maire, le Dr Georg Langerhans, officier de réserve chevronné, n'avait pas remarqué que le faux capitaine était d'une part trop âgé, la limite d'âge pour le grade de « capitaine » était à l'époque de 56 ans, et Voigt en avait déjà 57, et d'autre part qu'il parlait un dialecte avec un fort accent. Sans oublier que son uniforme présentait plusieurs irrégularités, comme une fausse cocarde sur la casquette.

La raison du succès de son entreprise, c'était son assurance et le ton tranchant avec lequel il aboyait les ordres. A posteriori, toutes les personnes impliquées ont pu s'estimer heureuses d'en être restées à une simple arrestation, car les soldats ont indiqué au tribunal qu'ils auraient utilisé sans hésiter leurs baïonnettes et leurs armes si Voigt en avait donné l'ordre.

L'armée prussienne ainsi que les autorités impériales espèrent que le procès et le jugement qui suivra donneront une mauvaise image de Voigt afin de décourager les éventuels imitateurs. Mais ce n'est pas ce qui s'est passé : le tribunal condamne le cordonnier à « seulement » quatre ans d'enfermement dans la prison de Tegel. Il n'est même pas déchu de ses droits civiques, comme celui de voter, d'être élu ou d'exercer des fonctions publiques, par exemple d'échevin au tribunal - ce qui est très inhabituel compte tenu de son casier judiciaire.

Le tribunal considère comme une circonstance atténuante le fait que Voigt, « après avoir purgé sa dernière peine, s'est efforcé sérieusement et avec succès de gagner honnêtement sa vie et était en bonne voie pour devenir un membre utile de la société civile. »

Après sa libération anticipée de prison en 1908, Voigt est devenu une star des médias. Dès le lendemain, et pour 200 marks, il a immortalisé sa voix forte sur un enregistrement gramophone de près de trois minutes. Dans son dialecte de Prusse orientale, il parle entre autres de ses pensées pendant sa détention et adresse des mots de remerciement à ses admirateurs :

Mesdames et Messieurs,

Je ne m'adresse pas à vous publiquement en tant que personne, mais seulement par ma voix. Je me sens tout d'abord obligé de vous exprimer mes plus vifs remerciements pour les nombreux témoignages que vous m'avez adressés sous telle ou telle forme au cours de cette dernière étape difficile. [...] Les vives expressions de gratitude qui m'ont été adressées de toutes parts sont un beau cadeau que vous m'avez fait dans mes vieux jours. Je suis bien conscient de leur valeur.

[...] Le désir de marcher en homme libre parmi les hommes libres n'a cessé de croître en moi. Je suis enfin libre, et je souhaite et je prie pour que Dieu m'empêche de devenir encore

une fois un hors-la-loi. Maintenant, je vous salue moi-même d'ici et je veux garder l'espoir qu'il me sera encore donné [...] d'exprimer plus librement et plus complètement ce que ma vie m'a appris, et comment j'ai été parfois pauvre, mais parfois aussi, riche, même si ce n'est pas en biens, dans cette vie privée de liberté.

Et maintenant, je vous prie de continuer à garder un bon souvenir de moi. Il est gratifiant de savoir et de sentir que des milliers de cœurs sont prêts à élever, à porter et à pardonner. En ce qui concerne les circonstances extérieures de mon renvoi, le jugement final n'a pas encore été prononcé. Les bonnes choses prennent du temps !

Avec mes salutations cordiales et mes vieilles joies, Wilhelm Voigt.

Régulièrement, on lui propose des sommes faramineuses pour qu'il raconte son histoire ou qu'il pose pour une photo en uniforme de capitaine. En 1909, le buzz autour de sa personne prend une telle ampleur que Voigt fait même imprimer des cartes avec son autographe qu'il publie en même temps que sa biographie *Wie ich Hauptmann von Köpenick wurde* (Comment je suis devenu le Capitaine de Köpenick).

Alors que sa célébrité s'estompe peu à peu, Voigt s'installe au Luxembourg, où il travaille principalement comme serveur et cordonnier. Grâce à sa popularité, il parvient toutefois à acquérir une certaine aisance et s'achète

une voiture deux places de la marque française Lacoste &
Battman, ce qui fait de lui l'un des premiers propriétaires
d'une automobile au Grand-Duché de Luxembourg.

Pendant la Première Guerre mondiale, le faux capitaine
a de nouveau un conflit avec l'armée prussienne. Les
troupes allemandes le mettent en garde à vue dans sa
nouvelle patrie et l'interrogent. Le lieutenant responsable
de l'interrogatoire note dans son journal : « Je reste
perplexe quant à la manière dont cet homme pathétique a
pu un jour ébranler toute la Prusse. »

Friedrich-Wilhelm Voigt passe les dernières années
de sa vie seul et retiré dans une maison de la rue du Fort
Neipperg. Il meurt le 3 janvier 1922 à l'âge de 72 ans,
appauvri par la guerre et l'inflation, suite à une maladie
pulmonaire.

Lors de son enterrement au cimetière Notre-Dame dans
le quartier luxembourgeois de Limpertsberg, le cortège
funèbre croise une troupe de soldats français. Lorsque
le chef de troupe s'enquiert du nom du défunt, on lui
répond : « Der Hauptmann von Köpenick », le Capitaine
de Köpenick.

Pensant qu'il s'agit des obsèques d'un véritable capitaine,
l'officier ordonne à ses hommes de saluer pour rendre un
dernier hommage au « capitaine » décédé.

Aujourd'hui encore, l'histoire de Voigt reste un mythe
allemand. Sa tombe est devenue un lieu de pèlerinage,

grâce à la tragi-comédie de Carl Zuckermayer : « Le capitaine de Köpenick - un conte allemand ».

L'histoire a servi de modèle à de nombreux livres, films, chansons et pièces de théâtre. La dernière fois que des millions de spectateurs se sont rendus dans les cinémas pour un hommage à Friedrich-Wilhelm, c'était au début des années 1950, lorsque Heinz Rühmann tenait à l'écran le rôle de Friedrich-Wilhelm Voigt.

Aujourd'hui, une statue de bronze grandeur nature de l'artiste Spartak Babajan et une exposition permanente dans l'hôtel de ville de Köpenick rappellent l'ancien cordonnier, dont le tour de passe-passe a exposé et embarrassé l'autorité de l'empereur Guillaume et de l'État prussien.

Quel que soit le châtiment qui me sera infligé, il sera moins cruel que le souvenir de mon crime.

Jean-Jacques Rousseau (1712-1778), écrivain, philosophe, et inspirateur de la Révolution Française

CHAPITRE 8

Une tombe sans nom
(Harmke Horst / Mantrailing Podcast)

C'est une belle journée d'été du mois de juin 2005. Il fait chaud. En Basse-Saxe, au nord de l'autoroute A2, il y a un lac très apprécié pour la pêche et la baignade. Ce n'est pas seulement un lieu d'excursion pour les familles, le coin est également fréquenté par les chauffeurs de poids lourds en raison de sa proximité avec l'A2. Ici, les routiers profitent de courtes pauses à l'écart de la chaleur et du bruit de l'autoroute. Les pêcheurs aussi sont nombreux et passent des heures, parfois jusqu'à la tombée de la nuit, assis au bord de l'eau avec leurs cannes dans l'espoir de faire une bonne prise. C'est un endroit parfait pour se détendre, dans un environnement naturel, en contemplant pendant des heures une étendue d'eau calme et tranquille.

En ce jour d'été, deux familles amies sont venues passer une après-midi en plein air. Les enfants jouent, insouciants, à proximité de la rive. Oscar, le chien, renifle à droite et à gauche. Pour lui, toutes ces odeurs sont comparables à la lecture du journal du jour pour un homme : ce sont des sources d'informations. Oscar est en train de faire connaissance avec un arbuste vert et brun lorsqu'un petit coup de vent lui souffle dans les narines quelque chose d'extraordinairement excitant. Cette odeur ne peut pas venir de très loin. Le chien suit la piste, manque de passer à côté. Brusquement il freine, tend son nez vers la droite, puis vers le sol et soudain, ne bouge plus d'un pouce. Sa queue bat l'air de plus en plus vite et il commence à creuser frénétiquement. Au début, personne ne remarque le manège d'Oscar, mais comme il ne veut plus quitter son trou, il attire l'attention sur lui…et sur le trou.

En arrivant près d'Oscar, son maître est frappé par une épouvantable odeur de décomposition. Dégoûté, l'homme tire son chien par le collier en se demandant ce qu'il a encore déterré comme animal mort ! Mais alors qu'Oscar s'éloigne, le maître découvre un sac en plastique sommairement enterré dans le sable. Le malaise est immédiat. L'homme jette quand même, prudemment, un coup d'œil dans le sac sale. L'odeur est à peine supportable, mais c'est la vue qui lui glace le sang : dans le sac, enveloppé dans une serviette en éponge, se trouve le cadavre d'un petit bébé.

Le père de famille emmène immédiatement ses enfants loin de la plage. L'un des témoins saisit son téléphone portable d'une main tremblante, compose le numéro de la police et signale la macabre découverte.

L'enquêteur Schmidt est un homme expérimenté qui travaille depuis des années à la police criminelle de Basse-Saxe. Ce jour-là, il est en congé. Mais lorsqu'on lui annonce la découverte du corps d'un bébé, il n'hésite pas longtemps et se rend directement au bord du lac, à l'endroit où le petit corps a été déposé. Il se fait, avec ses collègues, une première idée générale de la situation. La chaleur ne facilite pas les choses. En quelques minutes, l'équipe est en nage. Une odeur âcre se répand rapidement dans les narines.

Le décor n'a plus rien d'idyllique et le silence des personnes présentes sur les lieux est presque aussi oppressant que la chaleur. On n'entend que le ronronnement monotone de la circulation sur l'autoroute voisine. Avec précaution, pour ne pas détruire de traces, les agents ouvrent le sac en plastique. Un autre sac, provenant d'un autre supermarché, apparaît. Les policiers voient alors le petit corps. Un fonctionnaire s'écarte en secouant la tête. Schmidt frissonne. Le bébé, une fille, est enveloppé dans un tissu imbibé de sang. Au premier coup d'œil, les enquêteurs remarquent une entaille sur le cou du nourrisson. Schmidt a déjà vu beaucoup de choses dans sa carrière, mais le cadavre d›un bébé est toujours une épreuve particulière. Il ne se doute pas encore de l›ampleur et de la durée de l'enquête lorsqu›il assure au public qu›il élucidera le crime.

Des plongeurs professionnels passent au peigne fin le lac et la rive herbeuse dont la végétation est déjà légèrement sèche, à la recherche de preuves. Tous les objets potentiellement intéressants autour du lieu où a été déposé le corps sont collectés et préservés : les policiers trouvent, entre autres, une cuillère souillée de sable, des mouchoirs usagés et quelques mégots de cigarettes. Il n'y a aucune trace de l'arme du crime.

Une brigade criminelle nommée « Baby » est créée pour prendre en charge cette affaire. Les premières investigations de la police n'apportent cependant aucun indice décisif sur l'identité du bébé, et même la recherche immédiate et à grande échelle de la mère dans le public n'aboutit à rien. Les investigations auprès des médecins, en particulier des gynécologues, des pharmacies et des hôpitaux ne donnent rien non plus. Les entretiens avec les habitués du lac et les observations autour du site ne sont pas davantage couronnés de succès. Le bébé dans le petit paquet reste un triste mystère.

Lorsqu'un matin, un pêcheur se manifeste, les enquêteurs flairent la première piste. L'homme indique être allé au lac avec un ami pour pêcher fin juin 2005.

En début d'après-midi, une femme blanche comme de la craie se serait glissée dans les buissons avec un sac à dos bien rempli. Lorsque les pêcheurs l'ont abordée, elle a disparu aussi vite qu'elle était arrivée. Une analyse génétique des mégots de cigarettes confirme l'hypothèse selon laquelle la mère du nourrisson se trouvait au bord du lac. En outre, d'autres témoins affirment l'avoir vue. Des traces d'un ADN féminin ont pu être prélevées sur le sac en plastique dans lequel était enveloppée le corps de la petite fille. La comparaison dans la banque de données ne donne cependant aucun résultat. L'identité de la mère reste inconnue.

L'autopsie du nourrisson révèle que le bébé était viable à la naissance et en bonne santé. Il a été tué immédiatement après avoir vu le jour. La cause de la mort est évidente. Lors de l'examen, le médecin légiste a constaté plusieurs coupures transversales au niveau de la gorge, qui ont provoqué l'hémorragie. L'accouchement, immédiatement suivi du meurtre, a probablement eu lieu quelques jours seulement avant la découverte du corps.

Le nourrisson est enterré quelques jours après l'autopsie dans un cimetière pour enfants situé à proximité du lieu où il a été déposé. Plus de 200 personnes, dont de nombreux enfants, participent à cette émouvante cérémonie. Il s'agit de faire des adieux dignes au bébé inconnu. La petite chapelle ne dispose pas d'assez de place pour tout le monde ; certaines personnes restent à l'extérieur pour rendre un dernier hommage à l'enfant. Toutes sont profondément émues. Le petit cercueil blanc est couvert d'une mer de fleurs multicolores et de peluches. Les gens posent une pierre tombale, mais là où un nom est habituellement inscrit, c'est « Bébé inconnu » qui est gravé dans la pierre. La maternelle locale s'engage à entretenir la tombe à l'avenir. Des bougies brillent de mille feux pour dire adieu à la fillette. Des images très émouvantes de l'enterrement et du cortège funèbre sont retransmises dans les médias.

Avant même l'enterrement, l'entreprise de pompes funèbres locale a fait paraître des annonces bien visibles. Les obsèques du bébé sont délibérément très médiatisées. Les enquêteurs espèrent, de cette façon, attirer la mère biologique sur le lieu de la sépulture. Mais sans succès. La recherche de la femme inconnue se poursuit.

Entre-temps, un portrait-robot de la mère a été réalisé sur la base des déclarations des témoins. Une première comparaison avec le fichier des personnes disparues ne donne aucun résultat. Finalement, le portrait est présenté au public. S'il s'agissait d'une grossesse cachée ou d'un déni de grossesse, aucun membre de l'entourage de la mère n'aurait été au courant, mais peut-être quelqu'un reconnaîtra-t-il la femme elle-même.

Tous les autres indices et pistes possibles se sont perdus. La forte fréquentation du site, même par des chauffeurs qui ne font qu'une courte pause, ne facilite pas non plus les recherches.

Malgré les revers, Schmidt et ses collègues ne s'avouent pas vaincus et recourent à des méthodes d'enquête innovantes. Schmidt demande notamment conseil à une criminologue qui étudie en détail les homicides de bébés et leurs mères. Elle explique que « la plupart des homicides sont des actes relationnels, les meurtriers des bébés sont des membres de la famille. Souvent, ces bébés sont issus de grossesses passées inaperçues, refoulées ou dissimulées. Les auteurs de ces crimes viennent de toutes les couches sociales et ont souvent vécu une forme quelconque de dépendance psychique vis-à-vis de leur famille ou de leur partenaire. »

Fin 2005, le public est à nouveau sollicité par les médias pour apporter son aide. Un reportage est consacré à l'affaire, le 8 décembre 2005, dans la célèbre émission télévisée allemande « Aktenzeichen XY », dans laquelle les téléspectateurs peuvent aider à élucider des affaires criminelles. Un petit film reconstitue les faits établis jusqu'alors. Une récompense est même offerte pour des informations qui feraient avancer l'enquête. Mais malheureusement, rien d'exploitable ne sort des appels reçus.

Après discussion avec des experts, Schmidt et ses collègues vont alors envisager une approche inhabituelle et encore peu répandue : l'analyse isotopique. Il s'agit d'une méthode souvent utilisée en dernier recours pour identifier un mort inconnu. L'enquêteur fait examiner les os et les ongles du cadavre du bébé par des scientifiques spécialisés qui établissent ce que l'on appelle une empreinte isotopique. Cet examen permet éventuellement de tirer des conclusions sur les conditions de vie de la personne. Pour le dire simplement, on analyse les composants qui se sont déposés dans un corps au cours de sa vie en raison de l'influence de son environnement et qui indiquent, par exemple, où et quand la personne a vécu ou ce qu'elle a principalement mangé.

Dans le cas actuel, les enquêteurs espèrent obtenir des conclusions sur la mère grâce à l'analyse isotopique du nourrisson, en se basant sur la similitude génétique des mères et de leurs enfants. Et effectivement, les scientifiques arrivent à la conclusion que la mère aurait pu vivre en Russie et plus tard dans les plaines du nord de l'Allemagne. Les chauffeurs routiers se retrouvent donc à nouveau au centre de l'enquête. Quelqu'un aurait-il conduit la mère et son bébé au bord du lac ? Mais cette piste, une fois encore ne mène à rien.

Quatre ans et demi ont passé. La petite fille n'est probablement plus qu'un mauvais souvenir pour certains, mais l'enquêteur Schmidt n'a pas abandonné et ose à nouveau une approche d'enquête plutôt inhabituelle. Il envisage d'utiliser des chiens spéciaux de recherche de personnes que l'on appelle également « mantrailers ». Pour la police de Basse-Saxe, l'utilisation d'un chien de recherche de personnes comme moyen d'intervention est, à cette époque-là, une démarche absolument nouvelle. Lors d'un congrès spécialisé de la police judiciaire, le LKA, Schmidt apprend l'existence de cette méthode, qui n'avait jusqu'alors guère attiré son attention. Il contacte les conférenciers. La première recherche assistée par un chien pour retrouver la mère a lieu peu de temps après, en novembre 2009, au bord du lac. Comme la police de Basse-Saxe ne dispose pas de chiens de recherche de personnes à ce moment-là, ce sont des chiens appartenant à des particuliers qui sont utilisés avec leurs maîtres-chiens.

Ces chiens sont formés pour suivre des traces humaines, même après une longue période. Contrairement aux chiens de pistage, qui s'orientent sur des traces au sol, les chiens de recherche de personnes recherchent l'odeur individuelle d'une personne précise. Cette odeur est aussi unique que l'empreinte digitale et chaque personne a donc une odeur différente pour le chien.

Chez le chien en effet, le sens premier est l'odorat, qui est beaucoup plus développé que chez l'homme. Pour trouver la trace olfactive d'une personne donnée, le chien reçoit une odeur de référence de la personne à rechercher sous la forme de ce que l'on appelle un article olfactif. Dans ce cas, il s'agit de traces de sang de la mère et de particules odorantes provenant du sac en plastique dans lequel le corps du bébé était enveloppé. Le chien capte l'odeur et stocke ces informations dans son cerveau olfactif. Dès lors, il compare cette odeur de référence aux particules qui l'entourent et tente d'enregistrer et de suivre une piste olfactive correspondante.

La police retrouve les maîtres-chiens et leurs animaux au bord du lac. Ils discutent brièvement de la tactique d'intervention. Une légère excitation se répand parmi tous les participants. Même les chiens sont dans l'attente fébrile de la recherche et montrent une tension de tout le corps. Quand il est au point de départ, là où a été retrouvé le corps du nourrisson, le premier chien est équipé de son harnais de travail. Le mousqueton de la laisse de traîne s'enclenche de manière audible dans l'anneau en D du harnais. Grâce à ce lien entre eux, le chien et son maître peuvent chercher en toute sécurité dans presque tous les environnements. Néanmoins, les tronçons où il y a beaucoup de passage sont toujours fermés pendant la recherche afin de garantir la sécurité de tous les participants. Ce jour-là, le chien parvient effectivement à suivre une piste à partir du lieu de découverte du nourrisson. Guidé par une longue laisse de traîne, le chien avance en tournant le dos au lac. Il tire de plus en plus et tout le monde doit se dépêcher pour le suivre. Mais au bout d'un moment, la recherche est interrompue sans avoir abouti.

Les chiens spécialisés dans la recherche de personnes sont formés pour trouver, à partir d'un point de départ, la trace olfactive la plus fraîche de la personne à rechercher. La trace olfactive reconstituée pourrait donc être beaucoup plus fraîche que celle du jour où elle a été déposée. Une réflexion difficile pour Schmidt - car plus l'enquête tarde à aboutir, plus les fonctionnaires craignent que la mère ne tue un autre bébé.

Début 2010, une nouvelle recherche est effectuée avec les chiens. En plus du lieu où le corps a été trouvé, ils sont également envoyés sur la tombe du bébé anonyme. Là aussi, il est possible que les pisteurs à quatre pattes puissent enregistrer une odeur correspondant à l'article olfactif. Cette piste mène au parking et, de là, à l'autoroute A2 en direction de Hanovre.

Lorsqu'une personne monte dans un véhicule, quelle que soit la place qu'elle occupe, des particules odorantes sont dispersées dans l'environnement extérieur au véhicule et peuvent être détectées même après une longue période. Les enquêteurs aimeraient découvrir à quelle sortie la voiture transportant la personne recherchée a quitté l'autoroute. Pour tenter de le savoir, les chiens vont être placés à chaque sortie afin de déterminer où ils vont reprendre l'odeur. Si un chien réagit, cela signifie que la personne recherchée a quitté l'autoroute à cet endroit.

En suivant cette stratégie, l'équipe de recherche se déplace de plus en plus en direction de l'échangeur de Hanovre Est vers l'A7. Ensuite, ils passent par Hambourg et se dirigent vers le Schleswig-Holstein. Pour l'enquêteur Schmidt, il s'agit d'une opération de recherche inhabituelle qui s'étend sur plusieurs jours en raison des longues distances. Puis les recherches sont interrompues provisoirement et elles vont reprendre quelques semaines plus tard, en mars 2010, dans une ville portuaire de la côte allemande de la mer Baltique.

Les chiens de recherche de personnes sont à nouveau utilisés et ils vont notamment rechercher dans le quartier de la prostitution. La brigade criminelle émet l'hypothèse que la mère du nourrisson se trouve, ou a pu se trouver, dans ce quartier. Les recherches n'avancent pas vite, d'autant plus qu'elles sont interrompues par l'arrivée d'un groupe de rockers connu. Après avoir appris la véritable raison des recherches, le groupe se retire. Mais, même là, il n'est pas possible d'identifier une piste qui conduit quelque part.

Suite à l'intervention des chiens, les enquêteurs vont devoir étudier les indices obtenus. Les policiers ignorent dans quelle mesure le trajet reconstituée par les chiens peut contribuer à l'élucidation du crime. Ce serait vraiment plus que spectaculaire si cette piste débouchait sur quelque chose.

Début 2011, soit plus de cinq ans après la découverte du corps du bébé, l'enquête n'a jamais été abandonnée. Beaucoup de recherches ont été menées, les méthodes les plus récentes ont été essayées et pourtant, l'avancée majeure dans les recherches va se faire par hasard.

En octobre 2010, un bus VW a été volé dans une ville de Basse-Saxe. Il a fallu attendre cinq mois pour que le véhicule réapparaisse sur un parking à côté de jardins familiaux. Les techniciens de la police scientifique trouvent un mégot de cigarette dans le cendrier et le remettent au LKA pour analyse. Celle-ci prend du temps, ce service de la police judiciaire étant toujours très sollicité, mais finalement une concordance est établie entre les traces retrouvées sur le mégot et le profil ADN du bébé tué en 2005. En outre, le parking sur lequel la voiture a été retrouvée n'est qu'à quelques kilomètres du lac.

En avril 2011, le LKA informe la brigade criminelle de la découverte de cette trace. La surprise est immense. Personne ne s'attendait plus à trouver une piste aussi prometteuse après une période aussi longue. Les enquêteurs lancent immédiatement des recherches. Le véhicule est immatriculé au nom d'une entreprise de restauration qui l'utilise comme véhicule de société et le fait conduire par différentes personnes. La brigade criminelle est sous très haute pression quand elle commence à enquêter dans l'environnement de l'entreprise de restauration. L'excitation est à son comble au sein de la brigade « Baby ». S'agit-il enfin de la piste décisive ? Des témoins sont à nouveau interrogés et plusieurs femmes travaillant, ou ayant travaillé, dans l'établissement sont invitées à fournir un échantillon de salive. Une femme de 35 ans ne se présente pas au rendez-vous fixé. Les enquêteurs se posent des questions et suivent cette piste avec de plus en plus de détermination. Alors que le filet se resserre autour de la femme et que la situation semble sans issue pour elle, celle-ci se rend finalement à la police en mai 2011. Elle téléphone et déclare être la meurtrière du bébé du lac. Après presque six ans de recherches intensives menées par la brigade criminelle, la suspecte du meurtre est arrêtée. La femme, interrogée à plusieurs reprises, avouera avoir égorgé son bébé en 2005, juste après sa naissance.

Les enquêteurs sont encore en train de digérer cette information, lorsque la femme les surprend à nouveau en avouant qu'elle vient de donner naissance à une deuxième fille… dans une baignoire. Le bébé, après une courte perte de conscience, est mort noyé dans l'eau du bain. La mère a de nouveau mis le corps dans un sac en plastique et l'a gardé chez elle. Mais lorsqu'elle s'est sentie de plus en plus menacée par les recherches, elle a jeté le corps dans une poubelle voisine. La mère décrit précisément aux enquêteurs l'endroit où se trouve ce conteneur. Pendant l'interrogatoire, des policiers de la brigade sont envoyés sur place et, en effet, au milieu d'une montagne de déchets, ils trouvent le corps du bébé mort. La suspecte est placée en détention provisoire.

La vie de la femme qui vient d'être arrêtée n'a pas été facile, comme elle le racontera pendant le procès. Elle vient d'une famille nombreuse avec un fort arrière-plan religieux. La famille vit en Basse-Saxe, probablement entassée dans un petit appartement si l'on tient compte du nombre d'enfants. Le chef, c'est le père et il fait pleuvoir sur sa progéniture mauvais traitements et brimades. La suspecte a grandit sans amour, seulement dans la peur. La sexualité n'a jamais été abordée et lorsqu'elle est menacée d'un mariage forcé, elle ne peut plus rester à la maison et s'enfuit. Suit une vie qui, officiellement, n'existe presque pas. En effet, la femme n'a ni carte d'identité, ni carte d'assurance maladie, ni même adresse. Elle n'ose s'enregistrer nulle part de peur d'être retrouvée par sa famille. Elle vit grâce à des petits boulots dans des bureaux de paris ou dans la restauration et n'a parfois d'autre choix que de survivre sur ses économies. Pour son entourage, elle invente les histoires les plus variées sur son passé : une fois, qu'elle a été adoptée dans son enfance, une autre fois, qu'elle a été au couvent…

Au début du procès, la suspecte a renouvelé ses aveux. Plusieurs facteurs l'auraient amenée à accomplir les terribles actes qu'elle a commis. Elle a ignoré sa première grossesse jusqu'au jour de l'accouchement. Même au début des contractions, elle a refusé d'accepter ce qui se passait. Le travail a duré presque une journée et a été accompagné de grandes douleurs. Elle était complètement seule. Il y a eu des complications et la souffrance lors de l'accouchement était insupportable. Elle s'est trouvée en état de choc dans une situation qui lui paraissait totalement irréelle. La petite fille qui vient finalement au monde dans la salle de bain s'est présentée par le siège. Elle crie. Elle crie. Elle crie. La femme n'en peut plus. Elle a besoin de calme. Comme en transe, elle tranche la gorge du bébé avec un couteau de cuisine. Enfin, le silence s'installe.

Un peu plus tard, elle indique comme autre raison de son acte que l'enfant n'était pas désirée. Elle aurait été complètement désespérée par cette grossesse non planifiée.

Après le meurtre, elle a enveloppé le bébé dans une serviette, l'a mis dans plusieurs sacs en plastique et l'a caché dans l'armoire. Quelques jours plus tard, elle a demandé à son ami de la conduire au bord du lac voisin, soi-disant pour se reposer un peu. Là, elle a enterré le petit paquet dans le sable à l'aide d'une cuillère.

A partir de ce moment-là, l'accusée a refoulé ce qui s'était passé. Elle a continué de vivre comme si de rien n'était. Lorsqu'elle voyait dans les médias quelque chose sur le crime, elle considérait la chose comme spectatrice et non comme coupable. Elle a noyé dans l'alcool ses pensées sur son acte.

Le père du premier bébé a entretenu une relation avec l'accusée pendant des années, bien qu'il ait déjà une famille. Il était souvent en déplacement pour des raisons professionnelles, explique-t-il pendant le procès. Après presque dix ans de relation, il a finalement quitté sa famille et a emménagé avec l'accusée. Il n'a jamais été informé de sa grossesse et ne s'en est jamais douté, pas même lorsqu'il y a eu un rapport sexuel avec elle peu avant l'accouchement.

La deuxième grossesse, quelques années plus tard, n'était pas plus désirée que la première, raconte la femme. Puis elle s'est tout de même réjouie de la venue d'un enfant. Elle avait rencontré le père du deuxième bébé au cours d'un de ses petits boulots dans la restauration. Bien que l'homme ait également une famille, une longue liaison s'est établie entre eux. Cet homme déclare également n'avoir rien remarqué de la grossesse, bien qu'il ait eu des relations sexuelles avec l'accusée jusqu'à peu avant l'accouchement. Elle n'aurait eu qu'un petit renflement au niveau du ventre et lorsqu'elle a nié être enceinte, il l'a crue.

Pendant le procès, un des amants de l'accusée évoque une femme à deux visages. Parfois, face à lui, elle était dans un état bizarre, presque embrumé. Puis elle redevenait parfaitement lucide. Il parle d'une femme résiliente et qui aimait beaucoup les enfants. Il n'aurait jamais cru possible qu'elle puisse tuer son propre bébé. Il s'est avéré au cours du procès que l'accusée avait été enceinte une troisième fois entre les deux naissances connues, d'un autre homme encore. Lors de cette grossesse, une fausse couche s'était produite au bout de quelques semaines.

Si l'on se base sur les déclarations faites lors du procès, toute la vie de l'accusée semble être ponctuée de mensonges et d'affabulations. Elle semble vivre dans un monde parallèle. Lors des recherches qui ont été médiatisées, comme celles effectuées avec un portrait-robot ou celles avec les chiens, elle ne s'est pas sentie concernée. Elle disparaît lorsque la situation devient difficile et la mort l'accompagne constamment dans son subconscient. Elle s'est seulement sentie abandonnée par les pères des filles. Pourtant, contrairement à sa « tactique d'évitement » habituelle, elle s'est finalement rendue lorsque la pression de la police est devenue plus forte, comme le souligne son avocate lors de l'audience, et elle se trouve maintenant inévitablement confrontée à l'accusation.

En novembre 2011 l'accusée, qui a maintenant 36 ans, est condamnée par le tribunal de grande instance à six ans et demi de prison pour double homicide. L'avocate avait plaidé pour cinq ans et demi et le ministère public pour sept ans et demi. Le tribunal est resté a statué pile entre les deux demandes.

Pour le premier bébé, le tribunal ne peut pas déterminer avec certitude si la mort a eu lieu alors que la mère était dans une situation psychologique exceptionnelle. Cependant, en raison de l'accouchement extrêmement long et difficile, ainsi que de l'état de transe qui s'en est suivi et dont la femme a fait état, le tribunal part du principe que la responsabilité est diminuée. La mort du deuxième bébé est considérée comme un homicide par omission. En effet, il n'est pas possible de prouver que la mère a tué l'enfant activement. Néanmoins, selon le juge, elle aurait dû veiller à ce que l'accouchement se déroule en toute sécurité, par exemple en ayant quelqu'un à ses côtés. Après le prononcé du jugement, tant l'accusée que le ministère public renoncent à tout autre recours. Le jugement est donc définitif.

La brigade criminelle « Baby » est arrivée au bout de ses fonctions, du moins pour ce que savent les policiers. Après le verdict, l'enquêteur principal fait quand même remarquer qu'ils n'ont certes pas connaissance d'autres grossesses, mais qu'ils ne peuvent pas les exclure totalement.

A la fin, le commissaire Schmidt s'est approché de la condamnée et lui a proposé de donner un prénom à la dernière fille qu'elle a eue. C'est ainsi qu'une deuxième pierre tombale, avec un nom gravé cette fois, a été érigée à côté de l'endroit où repose le bébé sans nom.

Et ne nous soumets pas à la tentation, mais délivre-nous du mal.

La Bible

CHAPITRE 9

TUE. LA. MAINTENANT

La pleine lune éclaire le ciel noir de cette froide nuit de janvier et donne une pâleur fantomatique aux nuages. Un homme marche dans les rues de Berlin-Schöneberg. Un vent glacial fouette son visage. Il porte un sac à dos. Il cherche l'endroit qui convient. Soudain, il s'arrête et lève les yeux vers une église dont le clocher disparaît dans le noir. Devant l'édifice, la pelouse gelée scintille au clair de lune. Il vient de marcher cinq kilomètres et demi et semble enfin être arrivé. L'herbe crisse sous ses pas en direction de la maison de Dieu. L'homme a la lune pour seul témoin lorsqu'il déverse le contenu de son sac à dos sur la pelouse avant de disparaître à nouveau dans la nuit.

Un peu plus tard, un jeune homme traverse la Grazer Platz à Schöneberg. Il cherche un raccourci et décide de traverser la pelouse devant l'église. Il veut rentrer chez lui, bien au chaud. C'est même la seule chose à laquelle il pense alors qu'il avance à pas rapides sur l'herbe gelée.

Mais il aperçoit quelque chose. Qu'est-ce que c'est ? On dirait une serviette posée négligemment au milieu de la pelouse. Il n'y a rien d'autre ? La pleine lune n'éclaire pas suffisamment pour que le jeune homme voie de quoi il s'agit. Ses mains cherchent un briquet dans la poche de son pantalon. Sa main droite est tellement glacée qu'il a presque mal lorsqu'il tourne la roulette du briquet. Le jeune homme s'accroupit pour examiner de plus près, à la lueur de la flamme, l'objet posé devant lui. Un cri bref et strident lui échappe lorsqu'il plonge son regard dans des yeux sans vie : devant lui, sur la pelouse qui scintille sous la lumière argentée de la lune, gît la tête coupée d'une jeune femme.

Le beau clair de lune de ce mardi 25 janvier 1994 est vite remplacé par les gyrophares de la police. Un ruban blanc et rouge portant l'inscription « police accès interdit » a été déroulé tout autour de la pelouse devant l'église. Les projecteurs éclairent les lieux comme en plein jour. La médecin légiste de service arrive sur le lieu de la découverte de la tête coupée peu après 22 heures. Elle observe le crâne de la femme et le palpe avec précaution. Des mèches de cheveux bruns mi-longs tombent sur la moitié droite de la tête. Dans son rapport rédigé ultérieurement, elle note : « Il s'agit d'une tête fraîche. Autour des yeux, une petite chaleur résiduelle peut être palpée. »

Les enquêteurs du service de police judicaire de Berlin-Charlottenburg sont confrontés à une question. Qui est la femme décapitée ? L'inspecteur en chef, Christian S. doit d'abord clarifier l'identité de la victime. C'est la clé de toute enquête sur un meurtre. En criminologue expérimenté, il sait que la plupart des meurtriers font partie de l'entourage direct de leur victime. Il doit également trouver le reste du corps.

Tandis que l'inspecteur planifie les étapes suivantes, les techniciens en identification criminelle préservent les traces sur les lieux de la découverte : à côté de la serviette, ils trouvent d'autres morceaux de tissu, une écharpe et un T-shirt. Des traces de sang sont visibles sur tous les objets. Aidés par des policiers, ils inspectent minutieusement les alentours du lieu de la découverte. Ils regardent dans les cours et les jardins et fouillent les poubelles. Mais aucun autre objet en rapport avec le crime n'est découvert. L'interrogatoire des habitants et des passants, ainsi que celui du jeune homme qui a trouvé la tête, ne donne pas non plus d'autres indices.

Le 26 janvier 1994, 15 heures après la découverte de la tête coupée, la directrice d'une crèche se rend sur son lieu de travail dans le quartier berlinois de Zehlendorf. Sur place, elle s'aperçoit de l'absence d'une de ses éducatrices les plus fiables. Celle-ci n'a pas prévenu, ni elle, ni aucune de ses collègues. Un malaise s'empare immédiatement de la directrice qui essaie de joindre son employée, Michaela M., sur le téléphone de son domicile. Mais personne ne décroche. Elle se dépêche de composer le numéro de la sœur de sa collègue de travail qui lui apprend que Michaela n'a pas non plus répondu au téléphone la veille au soir.

La directrice se rend au domicile de Michaela M. à l'heure du déjeuner. Elle sonne plusieurs fois. D'abord brièvement, puis elle finit par laisser longuement son doigt sur la sonnette. Mais rien ne bouge dans l'appartement. Elle sonne alors chez une voisine. « Hier soir, elle n'a pas non plus réagi quand j'ai frappé », dit la femme qui indique ensuite avoir un double de la clé. Peut-être devraient-elles aller voir ensemble ? Peut-être Michaela a-t-elle besoin d'aide ? Cela ne lui ressemble pas de n'être joignable par personne.

Le cœur battant, la voisine ouvre la porte et entre dans l'appartement de la jeune femme, suivie par la directrice de la crèche. Elles remarquent que le fil du téléphone a été débranché de la prise et se trouve sur le sol en travers du couloir. Les deux femmes avancent prudemment jusqu'à ce que leur regard tombe sur l'une des chambres et sur le corps sans vie de Michaela M. Les enquêteurs appelés sur place noteront plus tard dans leur rapport sur la scène de crime : « On voit clairement que la tête manque. » Le médecin légiste constate pour sa part que la femme a été étranglée ou tuée par strangulation. La tête a été coupée après la mort de la victime.

Les enquêteurs ont maintenant le corps qui correspond à la tête trouvée la veille. Il ont aussi un nom. Il s'agit désormais de découvrir avec qui Michaela M. était en contact, et surtout en conflit. L'inspecteur en chef Christian S. remarque immédiatement qu'il n'y a aucune trace d'effraction sur la porte de l'appartement de la victime. « Elle devait connaître son meurtrier et l'a laissé entrer dans l'appartement », marmonne-t-il pour lui-même.

L'enquêteur s'entretient avec la sœur de Michaela. La jeune femme endeuillée est sous le choc. « Michaela était une femme pleine de vie, dit-elle. Elle aimait aller au théâtre et écoutait passionnément de la musique classique. Elle était d'ailleurs très musicienne et jouait du piano. Ma sœur a toujours veillé à ce que les gens autour d'elle aillent bien. Les voisins l'appréciaient. Elle demandait de temps en temps si quelqu'un était dérangé par le son du piano. C'était une personne très attentionnée. Mais elle ne s'oubliait pas pour autant. Tous les mardis et vendredis, elle allait à la salle de sport à côté. Je l'ai toujours admirée pour sa persévérance et son énergie. Depuis environ huit ans, elle travaillait à la crèche. Je sais qu'elle a toujours été honnête et correcte avec ses collègues. Pour certains elle semblait renfermée, mais ce n'était pas le cas. Lorsqu'elle était en famille ou avec ses amis et connaissances, elle s'épanouissait vraiment. Michaela était quelqu'un qui pouvait facilement entrer en contact avec d'autres personnes, même inconnues. Mais elle restait prudente. Elle vivait seule et chaque fois qu'on sonnait à sa porte, elle regardait d'abord par la fenêtre de la salle de bain pour voir qui c'était. Elle fermait aussi toujours la porte de son appartement de l'intérieur. »

Christian S. écoute attentivement la femme et prend des notes. Le témoignage de la sœur confirme à l'enquêteur ce qu'il soupçonnait déjà : la victime connaissait son meurtrier.

La sœur de Michaela poursuit son récit : « Ma sœur a eu une liaison avec un homme, mais malheureusement la relation n'a pas duré. Je sais aussi qu'elle a eu une liaison avec son professeur de piano, Bernhard R. de septembre à décembre 1993. Elle prenait des cours avec lui pour améliorer son jeu. Il est tombé amoureux de Michaela, en tout cas, il voulait aller plus loin avec elle. Mais assez vite, ma sœur ne s'est plus sentie à l'aise dans cette liaison et a voulu se séparer de lui. Il ne l'a pas accepté et l'a harcelée. Parfois, Bernhard R. venait chez elle sans prévenir. » Une amie proche de la victime ainsi que ses parents confirment également à l'inspecteur l'existence de cette liaison avec le professeur de piano.

L'amour méprisé est un motif puissant de vengeance. Michaela M. est-elle morte parce qu'elle n'a pas répondu à l'amour de son professeur de piano ? L'inspecteur doit absolument parler à cet homme. C'est pour l'instant sa meilleure piste.

Le jeudi 27 janvier 1994, Christian S. se rend avec un collègue à l'appartement de Bernhard R., situé dans le quartier berlinois de Schöneberg. Ils arrivent vers 10 heures et sont surpris par l'accueil chaleureux que leur réserve ce père de famille de 33 ans. L'homme semble serein aux enquêteurs. Il paraît ouvert et à l'écoute ; il parle calmement et à voix basse. « Monsieur R., nous enquêtons sur un meurtre commis sur votre élève Michaela M. Nous avons quelques questions à vous poser et aimerions que vous nous accompagniez au LKA », demande l'inspecteur en chef. « Bien sûr, aucun problème », répond le professeur de piano en attrapant son manteau et en suivant les deux policiers.

Au service de police judiciaire de la Keithstraße, l'interrogatoire de l'homme commence à 10h45. La dernière leçon de piano avec Michaela M. a eu lieu le 6 décembre 1993 à son domicile. C'était le jour de la Saint-Nicolas et Michaela a offert à son professeur un calendrier et un stylo. Il y avait aussi une carte sur laquelle était écrit « Ton lutin ». Bien sûr, il s'est réjoui de cette attention, mais en même temps, il l'a trouvée presque trop personnelle : « C'est trop intime pour moi. Je ne peux pas faire cours dans ces conditions. Je suis d'avis qu'il doit toujours y avoir une certaine distance entre l'élève et moi. » A la question de savoir s'il y avait eu d'autres signes montrant que Michaela recherchait sa compagnie, Bernhard R. répond : « Oui, j'ai (...) déjà remarqué que Michaela me draguait.

Je voyais à son sourire qu'elle aimait flirter. Mais je n'ai pas eu de problème pour garder mes distances. Ce qui compte, c'est le piano. » Ce jour-là, il a suggéré à son élève de chercher un autre professeur de piano dans la mesure où il ne constatait aucune amélioration dans son jeu.

A l'inspecteur expérimenté qu'est Christian S., ce père de deux enfants donne une impression de sérénité. Il n'y a chez lui aucune trace de nervosité. Le policier demande au témoin de reconstituer son emploi du temps du mardi, jour du crime. Bernhard R. raconte : « Le matin, j'étais tout le temps à la maison. Ma femme et mes deux fils étaient là aussi. Entre 14h40 et 17h45, j'ai donné quelques leçons de piano. Ensuite, j'ai fait une pause jusqu'à environ 18h45. Pendant ce temps, je suis allé chez Hertie et j'ai acheté un paquet de cigarettes. » Les enquêteurs prennent des notes tandis que l'homme poursuit son récit : « A 18h45, mon élève Anna B.*, domiciliée Müllerstraße, s'est présentée. Le cours a duré jusqu'à 19h30. Nous avons ensuite convenu de nous rendre chez elle, car je voulais lui parler d'un contrat. J'ai quitté son appartement vers 22 heures et je suis rentré chez moi en taxi. Si je me souviens bien, j'ai payé 20 marks, pourboire compris. »

L'inspecteur en chef est surpris par le choix des mots et l'éloquence de son interlocuteur. L'homme lui donne l'impression d'être intelligent. Bien que le professeur de piano nie avec véhémence toute relation intime avec

Michaela, même si différentes personnes de son entourage affirment le contraire, l'homme est pour l'instant écarté de la liste des meurtriers. Dès qu'ils auront parlé à Anna B. et qu'elle aura confirmé son alibi à l'heure supposée du crime, les enquêteurs repartiront de zéro. Une fois Bernhard R. libéré de son interrogatoire, Christian S. se met à la recherche du témoin pour confirmer l'alibi. Sans succès. Anna B. ne répond pas au téléphone et il ne la croise pas non plus à son domicile. L'enquêteur décide d'attendre qu'elle le contacte. Il part du principe qu'elle confirmera les déclarations de son professeur de piano. Qui en effet donnerait un alibi et un témoin pour le confirmer si cela devait se révéler faux par la suite ?

Effectivement, Anna B. téléphone au LKA le vendredi matin suivant. L'inspecteur Christian S. la convoque à un interrogatoire qui commence à 10h20. Il lui explique qu'elle s'expose à des poursuites judiciaires si elle fait un faux témoignage. Mais le témoin confirme l'alibi de Bernhard R. de manière convaincante et détaillée. L'entretien ne dure qu'une quinzaine de minutes. Après qu'Anna B. a quitté le poste de police, ce qu'ils pressentaient se confirme pour les enquêteurs : le professeur de piano Bernhard R. n'est pas le meurtrier de Michaela M.

Une heure à peine après l'interrogatoire d'Anna B., un appel d'urgence arrive au central de la police berlinoise. A l'autre bout du fil, un restaurateur qui tient une pizzeria à Schöneberg signale qu'un homme se trouve dans son magasin et affirme qu'il y a un cadavre dans l'un des appartements de location situés au-dessus du restaurant. Une voiture de police est immédiatement envoyée à l'adresse indiquée. Les agents y rencontrent un homme qui leur paraît très désorienté. Il avoue sans détour avoir tué Dieter K. dans son appartement. Il serait également responsable du meurtre de Michaela M. Les corps de ses deux victimes auraient été possédés par Satan et lui seul pouvait sauver leurs âmes pures. Il devait les tuer. Il n'était pas poussé par une simple envie de tuer, non, il a accompli une œuvre de rédemption !

Tandis que la brigade criminelle et la police scientifique examinent la scène de crime dans l'appartement de Dieter K. et transportent son corps dans le service de médecine légale, le coupable présumé est emmené au commissariat pour y être interrogé. Mais l'homme ne veut parler à personne, sauf à l'inspecteur en chef Christian S. Lorsque l'enquêteur demandé entre dans la salle d'interrogatoire où se trouve le meurtrier présumé de Michaela M. et Dieter K., il est très étonné. Le suspect fait les cent pas, il est agité et tourne comme un lion en cage ; il parle de manière confuse. L'inspecteur S. connaît cet homme qui paraît à présent si différent. Hier encore, il considérait Bernhard R. comme un professeur de piano tout à fait ordinaire.

Bernhard R. est né en octobre 1960 à Cologne. Son père a une formation en maçonnerie, mais sa passion, c'est l'art. Sa mère tient un petit kiosque et subvient aux besoins de la famille. C'est également elle qui éduque les enfants. Le garçon grandit avec sa sœur cadette. Alors qu'il a à peine deux ans, il s'entraîne à jouer sur le piano de la maison. Trois ans plus tard, son père lui apprend à lire la musique. A l'école primaire, Bernhard se révèle rapidement être un élève modèle. Seules les mathématiques lui causent quelques difficultés. Il n'a partout que des « A » et des « B », sauf en maths où il n'obtient que des « C ». Plus tard, on lui attribuera un QI de 120. Un chiffre supérieur à la moyenne. Les enseignants apprécient le garçon et il se fait rapidement des amis parmi ses camarades de classe. Ses parents l'inscrivent au club de football, mais son passe-temps favori reste le piano. A 12 ans, il prend pour la première fois des cours avec des professionnels. Bernhard a de grands projets : il veut devenir une pop star ; il pense qu'il est fait pour ça. Sa famille est catholique et le dimanche elle se rend à la messe. Le garçon aime ce rituel, car c'est le seul jour où il peut porter ses plus beaux vêtements.

L'événement le plus marquant dans la vie de l'adolescent est sans doute la mort de son père. Bernhard a 14 ans lorsque son père bien-aimé, son allié, perd la vie dans des circonstances mystérieuses : il est brûlé vif après l'explosion de sa voiture ! On ne saura jamais s'il s'agit d'un accident ou d'un suicide. Bernhard est rongé par la douleur. Très vite, il a l'impression que sa mère et sa sœur complotent contre lui. Il se coupe de la vie familiale et ne partage même plus les repas avec les deux femmes.

Il a 16 ans quand il donne ses premiers cours de piano. Bach, Beethoven et Chopin rendent le deuil plus supportable. La relation avec sa mère se détériore encore davantage et ils s'éloignent radicalement l'un de l'autre. A 17 ans, Bernhard a pris son envol et a déménagé à Berlin-Ouest. Il est tombé amoureux d'une jeune fille de deux ans sa cadette, chez les parents de laquelle il a trouvé refuge et qui le soutiennent financièrement. Il reçoit aussi une aide de l'État sous la forme d'une subvention fédérale pour la formation (BAföG) et donne des cours de piano. Le jeune homme arrive ainsi à joindre les deux bouts. En 1979, un an après son déménagement de Cologne à Berlin-Ouest, il passe son bac dans un lycée spécialisé dans la musique et obtient une note de 3,1 (C). Il n'a plus aucun contact avec ses amis de Cologne, les amitiés n'ayant pas survécu à la distance.

Après le bac, Bernhard emménage dans son premier appartement, 60 mètres carrés en sous-sol, et commence des études à la Hochschule der Künste (Université des Arts). Il veut devenir professeur de piano diplômé d'État. Il a, pour l'instant, renoncé à son rêve de devenir une pop star. Pour arrondir ses fins de mois pendant ses études, il joue du clavier dans des groupes lors de fêtes de quartier et continue à donner des cours de piano.

En 1982, le jeune homme se rend pour la première fois dans une salle de jeu. Très vite, les machines colorées et clignotantes, l'excitation de gagner et de perdre l'absorbent complètement. Entre-temps, ses goûts musicaux ont changé. La musique classique ne le touche plus, c'est le jazz et la pop qui lui plaisent désormais. Il ne tarde pas à se désintéresser de ses études. En 1983, après sept semestres de cours, il est exclu de l'Université.

Le jeune homme a alors une vingtaine d'années et il se retrouve sans perspective d'avenir. Que va-t-il faire ? Il n'a pas la réponse et fuit la réalité avec toutes sortes de drogues : speed, héroïne, LSD, cocaïne. Sa musique et ses rencontres féminines le réconfortent. Même s'il ne s'en rend pas encore compte, les drogues de synthèse perturbent la chimie de son cerveau.

Malgré un style de vie instable, il rencontre une femme et l'épouse en 1985. Le couple emménage dans un appartement. La répartition des rôles entre les époux est claire : il s'occupe de sa carrière musicale tandis qu'elle gagne l'argent nécessaire pour subvenir à leurs besoins. Au lieu de continuer à donner des leçons de piano, Bernhard se concentre à nouveau sur son grand rêve de devenir une pop star. Il compose ses propres chansons et soumet l'un de ses textes à la Gema (Société de gestion des droits d'auteur allemande). Pendant une courte période, il parvient à vivre sans drogue. Puis il rechute. Sa carrière musicale ne se concrétise pas et sa femme exige qu'il aille travailler et qu'il gagne lui aussi de l'argent. La pop star en devenir ne se sent pas comprise.

Le 6 novembre 1986 est un jour dont Bernhard R. se souviendra toute sa vie. A ce moment-là, il est clair que sa femme veut le quitter. Il est en train de jouer du piano lorsqu'il ressent une grande lourdeur, semblable à une paralysie, dans ses bras et ses doigts. Ensuite, il commence à manquer d'air et a l'impression de ne plus pouvoir remplir ses poumons d'oxygène. Il raconte : « Juste avant de m'étouffer, comme par miracle, j'ai appelé Dieu dans ma détresse. J'ai pu le faire à temps. J'ai dû m'agenouiller et poser mon front sur le sol et mes deux mains sur le côté de ma tête. J'ai alors entendu une voix. Elle était pleine d'amour et de grâce et m'a demandé : *Veux-tu être mon serviteur ?* (...) Cette expérience a complètement changé ma vie. J'ai su que je ne devais pas refuser un tel cadeau. »

A la fin de l'année 1987, le couple divorce. Mais Bernhard s'en fiche. La question qui désormais le taraude est de savoir ce qu'il doit faire pour servir le Tout-Puissant. Il lit la Bible et étudie l'Ancien et le Nouveau Testament en détail. Il consomme aussi des amphétamines qui aiguisent son esprit et modèrent les besoins de son corps. Il lui arrive de rester éveillé cinq jours et cinq nuits d'affilée. La consommation de drogues creusant de gros trous dans son porte-monnaie qui n'est déjà pas très plein, il vend ses instruments de musique : le clavier, la basse et l'amplificateur. Il garde le piano.

Peu de temps après la séparation d'avec sa première femme, Bernhard R. rencontre sa deuxième épouse en 1988. Le mariage a lieu au printemps 1989 et les jeunes mariés emménagent dans un appartement de 132 mètres carrés à Berlin-Schöneberg. Au rez-de-chaussée se trouve une pizzeria, le « Café Schöneberg ». Bien que Bernhard donne à nouveau des cours de piano, ce qu'il gagne ne suffit pas à faire vivre le couple. Ils reçoivent une aide des services sociaux.

Bernhard aime son métier de professeur de piano, mais cela lui demande aussi beaucoup d'efforts. Le premier fils du couple vient au monde au cours de l'été 1989. Tout devient alors très difficile pour le jeune père. Il quitte sa femme, se réfugie dans d'autres bras accueillants et décide de laisser son ancienne vie derrière lui. Désormais, il sera abstinent. Pas de drogues, pas d'alcool, pas de cigarettes. Mais cela ne dure que quelques mois, jusqu'à ce qu'il revienne auprès de sa femme et de son fils, ainsi qu'il convient à un père. L'épouse pardonne et il réintègre le logement familial.

Dans sa quête spirituelle, Bernhard est sans cesse en mouvement. Dans un premier temps, il tourne le dos à l'Église catholique et rejoint l'Église protestante. Mais il n'y trouve pas ce qu'il cherche. Il rejoint alors une église évangélique libre et commence à prêcher, ce qui lui prend beaucoup de temps, alors qu'à la maison son fils aussi réclame toute son attention. Les contacts avec les amis et les relations se font de plus en plus rares par manque de temps et les disputes au sein du couple sont fréquentes. Néanmoins, Madame R. tombe à nouveau enceinte. Le miracle qui grandit dans son ventre n'est pas le seul. Son mari vit lui aussi, au quotidien, des choses de plus en plus miraculeuses. Un jour, il prie si fort que son ventilateur s'arrête. Un autre jour, sa prière développe une telle puissance que l'ordinateur cesse soudain de fonctionner. Même les chiens autour de lui notent son pouvoir spirituel : dès qu'ils le sentent, ils se mettent à aboyer. Sa femme voit les changements et ce comportement l'effraie. Parfois, elle le surprend en train d'agiter un briquet allumé devant le visage de son jeune fils, tout en marmonnant des incantations destinées à chasser les mauvais esprits. Un jour, il s'en prend physiquement à son épouse, enceinte jusqu'aux dents. Elle le fait interner de force en espérant qu'il pourra trouver de l'aide.

Le 5 février 1991, la police conduit Bernhard R. dans un hôpital psychiatrique de la banlieue ouest de Berlin. Aux psychiatres, il raconte qu'il est le Christ. Il entend des voix de démons. Pour chasser les mauvais esprits, il regarde dans le feu, car la lumière électrique vient de Satan. Il raconte également qu'il est suivi et mis sur écoute et que son eau est empoisonnée. Les médecins lui diagnostiquent une schizophrénie paranoïde-hallucinatoire. Pourtant, après seulement deux semaines, Bernhard R. quitte l'hôpital psychiatrique de son propre chef et sous sa propre responsabilité. Sa femme et son enfant l'attendent à la maison. Il consultera encore quelques fois un psychiatre en cabinet privé, avant que cela ne devienne trop pénible pour lui.

Le deuxième fils du couple vient au monde en mars 1991. Bernhard, désormais père de deux enfants, donne à nouveau des leçons de piano. Il gère le quotidien sans faire de vagues, mais en lui c'est l'ébullition. Sa recherche interminable en vue de la mission que Dieu lui a confiée, l'épuise. Il assouvit sa soif de foi en puisant aux sources les plus diverses. Tantôt il se convertit à l'islam, tantôt il veut émigrer aux États-Unis, dans la tribu indigène des Hopis. Mais ce projet échoue par manque d'argent. Alternativement, il se tourne vers la pensée mystico-religieuse d'un théosophe suédois, qui assure avoir tiré son savoir de la Bible et de conversations avec des anges et des esprits, avant de se plonger dans les écrits d'un mystique autrichien aux idées spéculatives et philosophiques sur la nature. Il finit par réintégrer une église libre, bien qu'il ne se sente pas vraiment appartenir à celle-ci.

En septembre 1993, Bernhard rencontre Michaela M. par l'intermédiaire d'une annonce qu'il a fait paraître dans le journal. Dès lors, elle prend un cours de piano avec lui tous les lundis à 18h30 pour 30 marks. L'élève et le professeur s'apprécient immédiatement. Bernhard R. a l'impression de pouvoir parler de tout avec Michaela, même de ses problèmes de couple. Pour Michaela, son professeur de piano est gentil, parfois un peu stressé, mais jamais délirant. Les cours de musique ont lieu chez Michaela dans son appartement, sur son propre piano. En octobre 1993, le petit ami de Michaela la quitte. Son professeur de piano est au courant. Quelques jours plus tard, la jeune femme lui donne un baiser sur la joue, à titre purement amical. Mais ce baiser furtif déclenche chez Bernhard R. des sentiments violents pour sa séduisante élève. Il lui offre des cadeaux et bientôt, elle lui rend même visite dans l'appartement où il vit avec sa petite famille. Ils dorment ensemble. L'épouse est au courant de la liaison, mais ne dit rien et ne se plaint pas. Michaela pense que Bernhard va se défaire de son mariage et vivre avec elle. Mais elle apprend alors que sa femme est à nouveau enceinte.

Pour Michaela, c'est un coup dur. Elle ne supporte pas cette idée et met fin à sa liaison avec son professeur de piano en demandant au père de famille de s'occuper de sa femme et de ses enfants. Tout cela l'épuise et devient trop compliqué. Mais Bernhard R. ne peut pas, et ne veut pas, accepter la fin de sa relation avec son élève. Il se rend régulièrement à son appartement de Berlin-Zehlendorf, même la nuit. Il sonne, il veut lui parler. Mais rien n'y fait : le 6 décembre 1993, Michaela prend sa dernière leçon de piano et change de professeur. Elle offre la carte avec le petit lutin à Bernhard en guise de cadeau d'adieu.

Non seulement la liaison avec son élève est terminée, mais le deuxième mariage de R. est également sur le point de s'achever. La troisième grossesse de sa femme le déstabilise. Il se sent dépassé. Il a aussi le sentiment lancinant que sa femme ne le comprend pas, ne l'écoute pas, ne lui parle pas. Il cherche de l'aide auprès du service psychosocial de Schöneberg. Lors de la première rencontre avec la psychologue, peu avant Noël 1993, celle-ci ne note pas de crise aigüe chez Bernhard, contrairement au début du mois de janvier 1994, lorsqu'il se rend à une deuxième consultation. Cette fois-là l'homme est confus, mais pas délirant. Au contraire, il semble sincèrement soucieux de sauver son mariage. La psychologue remarque également une certaine agressivité chez son patient, mais il semble la maîtriser.

Plus le mois de janvier avance, plus Bernhard R. est irritable. Il n'arrive plus à dormir, il demande à sa femme de le laisser seul. Parfois, il erre dans les rues et s'adresse à inconnus en leur disant : « Je sais exactement ce que vous avez en tête ! »

Le lundi 24 janvier 1994, l'un des fils de R. est pris d'une grosse quinte de toux et a du mal à reprendre son souffle. La mère garde son calme car elle sait qu'il s'agit d'une crise de faux croup et que de l'air frais permettra de soulager l'enfant. Le père réagit toutefois de manière hystérique et appelle une ambulance. Le jour même, il se rend à nouveau chez la psychologue pour lui faire part de sa décision : il a décidé de ne pas suivre de thérapie. Il erre ensuite sans but dans les rues de Schöneberg.

Le lendemain, le mardi, Bernhard R. s'est apparemment ressaisi, le stress de la veille semble s'être dissipé. En début de soirée, il quitte son appartement, monte dans un taxi et se fait conduire à l'adresse de Michaela. Devant la porte, il croise la jeune femme qui revient tout juste de la salle de sport et demande à lui parler. Elle accepte. Dans l'appartement, Bernhard prend place sur le canapé, Michaela s'assied sur la chaise du piano. « Alors très lentement et très clairement, je lui ai demandé de me dire la raison exacte pour laquelle elle avait mis fin à notre relation. » Michaela lui répond et d'après le souvenir qu'il en garde, elle parle, parle et parle encore. Pendant trois quarts d'heure. Elle dit qu'elle se sent trop faible pour se battre, qu'elle n'en a pas envie, que tout cela est trop stressant. Et puis Bernhard croit entendre qu'elle parle mal de lui, de sa femme et de ses fils.

« J'ai pensé : ce n›est pas Michaela qui parle, mais c›est Satan lui-même. Un pur mensonge, un mensonge, un mensonge. J›étais plongé dans la prière, tout le temps. » Il entend Michaela parler, mais il ne comprend pas ce qu›elle dit. Elle se lève et se dirige vers le hall d›entrée. Bernhard la suit. C›est alors qu›il a une illumination qui le frappe durement, comme un coup de poing au creux de l›estomac. Michaela méprise l›amour, elle dit du mal de ceux qu›il aime et elle aspire la force vitale de tous les hommes. Il sait se protéger par ses prières. Mais qu›en est-il de sa femme et de ses fils ? Ils ne peuvent pas se défendre contre cette femme possédée. Hier encore, l›un de ses fils n›était-il pas en danger de mort ?

« J›ai approché ma main de son cou, comme un mouvement de tendresse à cent pour cent. (...) Elle ne se doutait de rien, elle ne se doutait de rien du tout. Puis elle a soudain dit : «Mais peut-être que ça va encore marcher entre nous deux. Tout doucement et avec amour, comme à l›époque où nous nous aimions aussi physiquement.» Alors j'ai dit : «Qu›est-ce que je viens d›entendre ? Qu›est-ce que tu as dit, pourquoi tu dis ça, qu›est-ce que ça veut dire ?» ». Michaela tente à nouveau de s'expliquer, mais dans son délire, il ne la comprend pas. « C'est alors que j'ai soudain saisi son cou avec ma main droite et que j'ai serré fort, par devant, autant que je pouvais. J'étais en prière. C'est très important, parce que je n'aurais pas eu la force de le faire moi-même, moi le petit homme qui ne vaut pas plus qu'un ver de terre. Mais si je prie le Dieu unique avec amour, tout ce dont j'ai besoin pour faire mon devoir me sera donné. Si je ne l'avais pas fait, l'âme de la petite Michaela n'aurait jamais pu être sauvée. »

Tout en étranglant la jeune femme à mains nues et en regardant ses yeux dilatés par la terreur, il prie le Dieu tout-puissant ; il demande la rédemption pour l'âme pure de Michaela, prisonnière d'un corps possédé par Satan. Après que sa victime a rendu son dernier souffle, il lui lave soigneusement les pieds. Avec le couteau Leatherman qu'il a apporté, il coupe la tête du cadavre, l'emballe dans un sac à dos et part pour la Grazer Platz, en prenant garde de ne pas s'approcher d'un chien. Il jette ensuite le couteau et le sac à dos dans une poubelle, ainsi qu'une partie de ses vêtements tachés de sang. Il brûle le reste des vêtements qu'il portait dans le four de son domicile. Après avoir enfilé du linge propre, il quitte son appartement et reprend un taxi pour se rendre chez son élève Anna B. Il fait arrêter le chauffeur de taxi à l'adresse d'une ancienne maîtresse dont il souhaite également « sauver » l'âme. Heureusement pour elle, elle a entre-temps déménagé et R. ne connaît pas sa nouvelle adresse. Il remonte dans le taxi.

Bernhard R. arrive chez son élève vers 21 heures. Il lui avoue le meurtre de Michaela M. et lui demande de lui servir d'alibi. On ne peut que supposer les raisons pour lesquelles la jeune femme a accepté la demande de son professeur de piano. Peut-être le choc de l'aveu ou un sentiment de responsabilité mal placé envers sa famille.

La nuit suivante, Bernhard R. n'arrive pas à dormir. Le mercredi matin, il a rendez-vous chez le pédiatre pour l'un de ses fils. Vers 15 heures, il donne un cours de piano à une fillette de 9 ans. En fin d'après-midi, il fume une cigarette à la fenêtre en regardant le ciel. « Deux gros nuages ressemblaient à deux animaux. L'animal du haut ressemblait à un cochon. L'animal du bas ressemblait à un teckel, c'est-à-dire à un chien. Transposé à l'homme, cela signifie que le cochon est celui qui joue avec les sentiments. (...) Michaela, je le sais seulement maintenant, était malheureusement un cochon dans son psychisme ... »

Le lendemain, à 8 heures du matin, Bernhard R. frappe à la porte de son voisin Dieter K. L'homme, un chômeur de 40 ans, a déjà quelques grammes d'alcool dans le sang quand il laisse entrer Bernhard dans son appartement. R. regarde Dieter K. avec mépris. Il trouve pitoyable la vie de cet homme. « Ce qui a été décisif, c'est qu'il ne pouvait pas (...) vraiment croire en un Dieu existant, qui a aussi tout et tout le monde sous son contrôle absolu. »

Bernhard dit à son voisin : « Allah t'aidera dans ta détresse ! » Dieter le regarde avec méfiance. « Je ne pense pas. Il ne m'a pas aidé dans mes travaux de rénovation », répond-il d'un air maussade en attrapant son paquet de cigarettes et un briquet qui se trouve à côté d'un cendrier archi plein. « Je te prie de ne pas allumer cette cigarette ! », demande Bernhard, car il pense qu'un non-croyant ne sait pas manipuler les poisons et qu'il se ferait encore plus de mal. Dieter, la cigarette suspendue au coin de la bouche, regarde son voisin d'un air incrédule. Puis il prend son briquet, enflamme le tabac et la fumée bleue s'élève. « Personne n'a à me dire ce que je dois faire. Ici, je fais ce que je veux ! », s'énerve Dieter, avant que le professeur de piano ne lui arrache la cigarette des mains d'un coup sec et ne l'envoie voltiger à travers la pièce. Dieter se lève d'un bond de son canapé : « Tu es fou ou quoi ? Où est la cigarette ? Tu veux tout faire brûler ici ou quoi ? » Bernhard désigne un coin de la pièce. Dieter se met à genoux et cherche la cigarette. « Laisse ça ! Laisse la cigarette là où elle est, s'il te plaît ! » se déchaîne le professeur de piano. Mais le chômeur n'écoute pas.

« Comme il a refusé ma dernière demande sérieuse, qui n›était pas une exigence ni un ordre, seulement une requête, une demande insistante de renoncer enfin à cette aberration satanique, je me suis mis dans la position des footballeurs quand ils reçoivent un ballon directement en l›air pour le renvoyer loin du camp adverse. J›avais des chaussures d›hiver et je l›ai frappé de plein fouet dans le visage. »

Bernhard R. donne de nombreux coups de pied à la tête de Dieter K., allongé sur le sol, jusqu'à ce qu'il ne bouge plus. Mais il a le sentiment que Dieter n'est pas encore mort et d'ailleurs l'autopsie confirmera son hypothèse. Il tente, en vain, d'enflammer le corps avec son briquet. Bernhard R. fait alors le tour de l'appartement de sa victime et découvre une hache. Sans plus attendre, il retourne auprès Dieter K. et le frappe au cou à plusieurs reprises. Pourtant, Bernhard R. n'arrive toujours pas à se défaire du sentiment que son voisin est peut-être encore en vie. Il cherche désespérément dans l'appartement jusqu'à ce que son regard tombe sur une boîte à outils contenant un tournevis à manche jaune. Il retourne vers Dieter K., s'agenouille à côté de lui et lui enfonce le tournevis dans le crâne jusqu'à la base, exactement entre les deux yeux, là où il soupçonne que se trouve le « troisième œil », la fenêtre de l'âme. Pour s'assurer que son voisin est vraiment mort, il lui enfonce le briquet dans la gorge, en se disant que cette fois il va s'étouffer.

« Dans son état psychique, Dieter K. était malheureusement un chien. (...) Dans un livre (...), il est écrit : «Il va tuer le chien et le cochon». C›est (...) une prophétie de ce qu›on appelle l›islam. » Après avoir accompli son œuvre de rédemption, Bernhard R. brûle une nouvelle fois ses vêtements dans le four de son domicile. Deux heures seulement après le meurtre brutal de Dieter K., on sonne à la porte et l'inspecteur en chef Christian S., ainsi que son collègue, se tiennent devant Bernhard R. et le prient de se rendre au LKA pour un premier interrogatoire.

Lors du deuxième interrogatoire, l'assurance et l'aplomb de l'intelligent professeur de piano ne sont plus perceptibles. Au cours du premier entretien que l'inspecteur S. avait eu avec lui, l'homme lui avait semblé rationnel. Maintenant, son comportement est très différent. Il parle de manière confuse, mais avoue les meurtres de Michaela M. et Dieter K. dans les moindres détails, comme si un film se déroulait devant son œil intérieur. L'enquêteur lui fait remarquer à plusieurs reprises qu'il peut appeler un avocat. Mais Bernhard refuse. Les deux hommes parlent pendant plusieurs heures et Bernhard R. laisse l'inspecteur jeter un coup d'œil dans son âme malade. Au cours de l'interrogatoire, d'un geste de la main il fait signe à l'inspecteur de se rapprocher de lui. Hésitant, Christian S. se penche vers le meurtrier, il sent le souffle de l'homme sur son cou lorsque celui-ci lui répète comme un mantra, en regardant la greffière : « TUE. LA. MAINTENANT ! » Trois mots qui encore aujourd'hui font frémir le policier.

Anna B. a été condamnée à une amende pour faux témoignage. La culpabilité morale pèse cependant très lourd sur ses épaules, puisqu'elle a été la première à savoir que Bernhard R. avait commencé sa campagne de mort.

Le procès de Bernhard R. a eu lieu en octobre 1994, devant le tribunal de grande instance de Berlin. Les experts ont attesté de son irresponsabilité et son placement dans un hôpital psychiatrique a été ordonné avant d'être envoyé en détention.

Quatre ans plus tard, le lendemain de Noël de l'année 1998, Bernhard R. a racheté sa propre âme : il s'est pendu à la clinique psychiatrique Karl-Bonhoeffer.

*Les noms ont été changés

La source de tout crime est un défaut de l'intelligence, une erreur de raisonnement ou une force soudaine des passions.

Thomas Hobbes (1588 - 1679)
Mathématicien, théoricien de
l'État et philosophe anglais

CHAPITRE 10

Un coup de fil de trop

Dans les jardins, les arbres décorés de guirlandes illuminent la nuit. En ce 22 décembre 1987, il règne à Ehingen, en Souabe, une ambiance festive d'avant-veille de Noël. Derrière les fenêtres, les sapins scintillent et dans les cuisines les femmes s'affairent à préparer les traditionnels biscuits de fête. Mais les trois hommes armés qui se faufilent dans l'obscurité ne connaissent pas les coutumes chrétiennes des habitants de ce nouveau quartier d'Ehingen. Ils se dirigent vers la propriété d'un grand patron de la pharmacie, Anton Schlecker, en évitant de se faire repérer. A part les guirlandes de Noël en façade, aucune lumière ne filtre à travers les fenêtres. Il semble qu'il n'y ait personne dans la maison. Les trois hommes échangent un bref regard : c'est parfait pour eux !

Ce soir-là, Anton Schlecker est à une petite soirée avec sa femme et ses deux enfants. Avec leurs amis, les Schlecker profitent de la magie des fêtes et de la tranquillité de cette nuit juste avant Noël. Les cambrioleurs ont donc tout le temps de s'introduire dans la maison familiale et de visiter les pièces. Mais ils ne recherchent pas les objets de valeur ou d'autres trésors que contiendrait la propriété. Ils explorent chaque pièce afin de déterminer où et comment ils maîtriseront au mieux les différents membres de la famille. Il ne faut pas que les voisins soient effrayés par le bruit ou des cris.

Cela fait maintenant plus de six mois qu'ils ont mis leur plan au point et rien ne doit aller de travers.

Vers 23 heures, la famille Schlecker rentre de bonne humeur dans sa jolie demeure bien décorée. Anton, le père, gare la jaguar dans le garage, puis suit sa femme Christa et ses enfants, Lars et Meike, à l'intérieur. La mère se rend directement dans la salle de bain pour se préparer pour la nuit. Lorsqu'elle ouvre la porte, elle voit un homme vêtu de noir devant elle. La jolie femme aux cheveux blonds et aux pommettes hautes est paralysée par la peur. Mais en une fraction de seconde, sous l'effet d'une poussée d'adrénaline, elle se précipite sur l'intrus. Celui-ci sait se défendre et l'assomme d'un coup ferme sur la tête. Les deux autres hommes maîtrisent le père et les deux adolescents. C'est ainsi que commence l'une des affaires criminelles les plus retentissantes des années 1980 en Allemagne.

Les malfaiteurs n'ont pas de temps à perdre. Ils disent rapidement ce qu'ils veulent au chef de famille : ils exigent

18 millions de marks (environ 9,2 millions d'euros) du roi de la pharmacie. C'est une somme extrêmement élevée. Anton Schlecker, en bon homme d'affaires, commence à négocier le montant avec les malfrats qui menacent immédiatement de tuer sa femme Christa ou sa fille Meike, âgée de 14 ans, s'il ne leur donne pas les 18 millions de marks qu'ils réclament. Schlecker utilise alors un argument de poids : aucune banque n'a autant d'argent en réserve et ce serait suspect s'il demandait une somme aussi importante. L'argument atteint sa cible car dernière chose que veulent les malfaiteurs, c'est se faire remarquer et… se faire prendre. C'est ainsi que l'otage et les preneurs d'otages se mettent d'accord sur une somme de 9,6 millions de marks (environ 4,9 millions d'euros). L'argent doit être réuni en faisant appel à différentes banques afin de ne pas éveiller les soupçons. « Vous êtes un homme d'affaires, nous sommes des hommes d'affaires, vous avez l'argent, nous avons la marchandise », dit l'un des malfaiteurs à Anton Schlecker qui précisera plus tard que ces derniers se sont montrés « flexibles et coopératifs. »

La nuit est longue et l'aube se faire attendre. Ne sachant pas ce qui va lui arriver, la famille Schlecker ne ferme pas l'œil. Lorsque le jour se lève enfin, deux des hommes forcent Lars, 16 ans, et sa sœur à entrer dans le garage. Ils prennent les enfants en otage afin d'augmenter la pression sur les parents et de donner davantage de force à leur demande. Lars est enfermé dans le coffre de la jaguar de son père et sa jeune sœur, Meike, doit s'allonger, ligotée, sur la banquette arrière de la voiture. Les deux gangsters quittent ensuite la propriété avec leurs otages. Pendant ce temps, leur complice surveille le couple Schlecker enfermé dans la chambre à coucher.

Le trajet est court, mais pour les enfants Schlecker terrorisés, il semble durer une éternité. Lorsque la jaguar s'arrête, ils se retrouvent près d'une cabane en bois située au bord d'un étang dans un petit bois. Les malfaiteurs n'ont pas choisi cet endroit par hasard : l'habitation n'est qu'à 200 mètres de la route principale, mais il est impossible de la repérer. Lars et Meike sont terrifiés par le professionnalisme froid de leurs ravisseurs. Les deux hommes semblent très bien connaître l'endroit. Pas un geste, pas un mot de trop. Le frère et la sœur sont attachés avec des menottes aux montants d'un lit métallique. L'un des malfaiteurs reste dans la cabane pour les surveiller. Son complice remonte dans la jaguar et reprend le chemin de la propriété des Schlecker.

Sur place, la négociation avec le chef de famille continue. Malgré la gravité de la situation Schlecker garde son sang-froid. Cela conduira plus tard à des insinuations en coulisses selon lesquelles le roi de la pharmacie a simulé l'enlèvement de ses enfants et le chantage pour toucher l'assurance. En effet, le montant finalement demandé correspond à la somme assurée.

Sur un cahier de son fils, Anton Schlecker énumère point par point toutes les étapes nécessaires pour que les malfaiteurs puissent récupérer les 9,6 millions de marks. Au total, les gangsters doivent passer par 20 étapes pour obtenir leur butin. L'une des étapes prévoit que le fondé de pouvoir de Schlecker soit mis au courant des opérations. On a besoin de lui pour récupérer l'argent. Quand il arrive au domicile de son patron, celui-ci lui donne des instructions précises, devant les malfaiteurs bien entendu. Il doit se rendre dans trois banques différentes à Ehingen et Ulm afin de réunir la somme. L'employé se met en route, les jambes flageolantes, pour accomplir sa mission. Pendant le trajet il a le temps de réfléchir. Doit-il informer la police ? Anton Schlecker attend-il de lui qu'il le fasse ? Mais si les malfaiteurs s'en apercevaient, tueraient-ils les enfants Schlecker ? Et serait-il alors coupable lui aussi ? L'employé de Schlecker se creuse la tête en se rendant dans les différentes succursales bancaires. Finalement, pour ne pas rester totalement sans réaction, il note en cachette les numéros de série des premiers billets des différentes liasses. Peut-être cela mènera-t-il plus tard aux coupables !

L'employé revient à la maison de Schlecker avec l'argent. Il est environ midi lorsque les malfaiteurs emmènent le couple et le fondé de pouvoir dans la cave et les ligotent. Puis, avec la voiture du fondé de pouvoir, ils se rendent à la petite cabane au bord de l'étang, pour récupérer leur complice. Lars et Meike restent attachés. Lorsqu'ils entendent la voiture de leurs ravisseurs s'éloigner, ils tentent de se libérer. Les menottes ne sont pas serrées et ils parviennent à passer leurs poignets. Les adolescents sont restés près de douze heures sous la coupe des ravisseurs, dont six menottés dans la cabane, jusqu'à ce qu'ils se retrouvent enfin devant la porte de leur maison. Pendant ce temps, le couple Schlecker et le fondé de pouvoir ont pu se libérer et sortir de la cave. Ce n'est qu'à ce moment-là que la police est informée. Les malfaiteurs ont évidemment disparu sans laisser de traces.

Au sein du département spécial de la police criminelle de Tübingen, les préparatifs de Noël battent leur plein. Personne ne pense sérieusement qu'une nouvelle affaire va se présenter juste avant les fêtes… jusqu'à ce que l'alerte soit donnée. A présent, aucun homme n'est autorisé à quitter le bâtiment et ceux qui sont déjà en route pour rejoindre leur famille doivent revenir au bureau. Lorsque l'équipe est au complet, elle se rend directement à Ehingen où leurs collègues les informent de la situation. Une brigade spéciale baptisée « Lars » et forte de 90 hommes est mise sur pied et une chasse à l'homme à grande échelle est lancée.

Quatre vingt policiers fouillent les environs de la cabane où Lars et Meike ont été retenus. Sept plongeurs explorent l'étang à la recherche des armes que les ravisseurs ont utilisé pour menacer leurs victimes. Peut-être les ont-ils jetées dans le plan d'eau ? Mais aucun objet susceptible de mettre les enquêteurs sur la piste des malfaiteurs n'est découvert. Les dessinateurs de la police établissent les portraits-robots des trois ravisseurs des Schlecker d'après les descriptions de la famille et du fondé de pouvoir. Il faut cependant toute la pression d'un journal à sensation pour qu'ils publient les dessins. La police, en effet, n'est pas du tout sûre de la ressemblance des portraits avec les hommes recherchés.

La population pour sa part fait parvenir aux policiers quelque 2700 informations qu'il faut traiter au fur et à mesure. La plupart se révèlent être des allégations malveillantes et peuvent être rapidement classées sans suite. Même les pistes qui semblent d'abord prometteuses, et qui demandent parfois des semaines de recherche pour vérifier l'identité d'un suspect, finissent par se révéler fausses. Les experts ne parviennent pas à établir le profil des coupables ni à trouver de lien entre les victimes et les malfaiteurs. Cela faisait probablement partie de leur plan afin de rendre plus difficile leur identification par les policiers. Seuls les soupçons selon lesquels Anton Schlecker aurait pu simuler l'enlèvement et le chantage peuvent être écartés par la police. Deux points essentiels permettent en effet de croire à l'innocence du roi de la pharmacie : la planification et l'exécution très professionnelle du crime, et le fait que Christa Schlecker a reçu un violent coup sur la tête.

Dans l'émission de télévision « Aktenzeichen XY – ungelöst » (Affaire XY- non résolue), de l'hiver 1988, l'animateur Eduard Zimmermann présente aux téléspectateurs intéressés l'affaire Schlecker. En effet, la police n'a toujours pas de piste sérieuse et tâtonne dans l'obscurité. Comme il est d'usage dans ce format d'émission, les affaires criminelles sont reconstituées à l'aide d'acteurs.

Anton Schlecker souhaite aider les enquêteurs à arrêter les coupables le plus rapidement possible. Il offre une récompense d'un million de marks. La brigade spéciale « Lars » reçoit une pluie d'informations. L'un des policiers dira plus tard que la récompense a eu le même effet que « de jouer au loto au sens propre du terme ». Mais là, de nouveau, aucune piste intéressante et la brigade « Lars » est bientôt dissoute.

Quelque temps plus tard toutefois, la police note des coïncidences avec une autre affaire : cinq ans avant la prise en otage des Schlecker, une autre famille a vécu un calvaire similaire. En mars 1982, deux hommes lourdement armés et déguisés, dont l'un en policier, se rendent au domicile du directeur de la Kreissparkasse (Caisse d'épargne) de Göppingen. Ils kidnappent la fille du banquier âgée de 18 ans et l'emmènent dans une cabane dans la forêt. Là, la jeune femme est attendue par un troisième homme, également armé qui est chargé de la surveiller. Les malfaiteurs exigent du père une rançon de 5 millions de marks (environ 2,5 millions d'euros) et assurent qu'il ne sera fait de mal à personne. « Ne nous sous-estimez pas, sinon ce sera un bain de sang », menace l'un des hommes en ne laissant planer aucun doute sur le fait que la prise d'otages ne s'achèvera pas sans qu'ils aient récupéré leur butin.

Le matin, les deux preneurs d'otages se rendent à la Kreissparkasse du district de Göppingen accompagnés du directeur et accèdent à son bureau sans se faire remarquer. À ce moment-là, il n'y a que 700 000 marks (environ 368 000 euros) dans le coffre. Les malfaiteurs ne s'en contentent pas et forcent un employé de la banque à faire un chèque permettant de récupérer deux millions de marks (environ un million d'euros) auprès de la banque centrale de l'État. Un fourgon blindé va chercher l'argent et l'emmène à la Kreissparkasse où attendent les malfrats. Les hommes s'enfuient dans la voiture de fonction du directeur de la banque. Après que le troisième malfaiteur a quitté la cabane dans les bois et que la fille du directeur a réussi à s'échapper, la police est informée du vol. Mais à ce moment-là, les trois hommes ont disparu depuis longtemps.

Onze ans après l'affaire Schlecker, les bandits frappent à nouveau dans le voisinage immédiat du roi de la pharmacie. Cette fois-ci, leur victime est la famille Renn. Le chef de famille est un directeur de banque. Contrairement à ce qui s'était passé pour l'affaire Schlecker, le couple est chez lui lorsque deux hommes masqués et lourdement armés pénètrent dans la maison. Les époux sont réveillés par un bruit à la porte-fenêtre de la terrasse, mais avant qu'ils ne puissent réagir, les malfaiteurs sont dans la chambre à coucher. Monsieur et Madame Renn se retrouvent face aux canons des armes que les hommes pointent sur eux. Devant le professionnalisme froid des malfaiteurs, ils décident intuitivement de rester calmes et d'agir de manière réfléchie. Le couple est contraint de rester couché dans son lit le reste de la nuit sous la surveillance d'un des hommes. A l'aube, les malfaiteurs leur disent de se lever, de s'habiller et d'effectuer leur train-train habituel du matin. Ils ne quittent pas le couple des yeux une seule seconde et les suivent même dans la salle de bain. Les otages n'ont pas l'ombre d'une chance de s'échapper ou d'appeler à l'aide sans se faire remarquer.

Une fois les rituels matinaux terminés, les malfaiteurs se rendent à la cuisine avec leurs otages. Mme Renn prépare le petit-déjeuner et propose aux hommes masqués d'y participer. Ceux-ci refusent par monosyllabes et observent attentivement les activités des époux. Même si tout semble normal et sans risque, la famille Renn n'a aucun contrôle sur la situation. Les malfrats ne laissent rien au hasard. Ils posent des questions précises au couple afin d'empêcher toute prise de contact avec l'extérieur. Ils se renseignent sur l'heure à laquelle la femme de ménage prend son service. Ils demandent à voir l'agenda de Monsieur Renn, afin qu'il puisse annuler à temps tous ses rendez-vous de la journée. Les malfaiteurs ont l'air serein, ils restent polis, presque courtois, mais stricts et ne laissent aucun doute sur leur détermination.

L'après-midi, l'un des hommes conduit Monsieur Renn au garage. De là, il doit annuler par téléphone tous les rendez-vous encore en cours. Il doit également appeler un employé de sa banque pour qu'il vienne chez lui. Lorsque l'employé arrive, il est lui aussi immédiatement pris en otage. Le soir, après la fermeture de tous les magasins, les ravisseurs mettent leur plan à exécution. En compagnie du couple Renn et de l'employé de banque, ils se rendent en convoi au parking souterrain de la Volksbank à Ehingen. L'employé arrive dans sa propre voiture. Les malfaiteurs le suivent de près avec le couple dans la voiture du directeur de la banque. Les hommes ont troqué les bas qui masquaient leur visage contre des barbes postiches et des perruques. Grâce à un passage souterrain, les employés de la banque peuvent aller directement du parking dans les locaux de l'établissement financier. Monsieur Renn possède une clé de la porte et l'employé possède la clé de la chambre forte.

Monsieur Renn ouvre la porte, l'employé ouvre le coffre-fort. Il contient deux millions de marks (environ un million d'euros), que les malfaiteurs placent dans les sacs qu'ils ont apportés. Les gangsters abandonnent le couple Renn ligoté dans l'entrée de la chambre forte. L'employé, quant à lui, est contraint de les suivre. L'homme est tellement terrorisé par l'aplomb froid des malfaiteurs qu'il ne tente pas de s'enfuir, même lorsque ces derniers s'aperçoivent, en quittant le parking souterrain, qu'ils ont laissé un des sacs dans les locaux de la banque. Ils envoient l'employé chercher le sac oublié. Celui-ci fait ce qu'on lui demande et revient avec le troisième sac rempli d'argent, puis il monte dans le véhicule avec les malfaiteurs.

Le trajet est de courte durée. La voiture s'immobilise à l'orée d'une forêt. L'employé craint le pire. Les malfaiteurs conduisent leur otage, mort de peur, jusqu'à un poste d'affût, où ils le laissent seul et menotté. Pendant près d'une heure, l'homme reste assis et essaie de passer ses mains à travers les menottes. Il finit par se libérer. Mais, psychologiquement, l'employé de banque est tellement affecté par ce qui lui est arrivé qu'il ne travaillera plus jamais à son poste à la Volksbank.

Avec cette troisième affaire, les enquêteurs reconnaissent pour la première fois et de façon sûre un lien entre l'agression du directeur de la caisse d'épargne de Göppingen et l'enlèvement de sa fille de 18 ans (1982), l'enlèvement des enfants Schlecker (1987), et le cas actuel, l'affaire du couple Renn et de leur employé de banque

(1998). Il s'avérera plus tard que les malfaiteurs ont pu poursuivre leurs activités sans être inquiétés pendant 23 ans, depuis leur premier braquage en 1975, celui de la caisse d'épargne d'Oberkochen, jusqu'au dernier en 1998, sans que la police n'ait jamais retrouvé leur trace. Pour le public, c'est à peine imaginable : trois hommes qui, du jour au lendemain, sont devenus plus riches de près de dix millions de marks et qui mènent une double vie parfaite, sans qu'aucun soupçon ne pèse sur eux. Auraient-ils réussi à commettre le crime « parfait » ? Ce sont des professionnels, cela ne fait aucun doute pour les experts. En effet, ils ont si bien planifié leurs actes que même la victime, Anton Schlecker, a été un temps soupçonnée d'en être l'auteur.

Or, l'un des criminels va commettre une erreur, une seule, mais décisive. Comme convenu avec ses complices, Herbert Jacoby appelle la famille de l'employé de banque depuis une cabine téléphonique pour les informer que celui-ci se trouve dans un poste d'affût dans la forêt. Il raccroche et décroche à nouveau le combiné pour appeler chez lui. Il ne se doute pas que même plusieurs jours plus tard, il est toujours possible de connaître la destination d'un appel téléphonique ; sinon, il n'aurait certainement pas passé ce deuxième appel.

Les enquêteurs découvrent rapidement à qui appartient le numéro que Jacoby a composé, ce qui leur permet d'obtenir son adresse. Dès lors, les enquêteurs suivent le suspect. Et quelques jours plus tard, ils ont de la chance : leur cible rencontre un homme dans un restaurant italien huppé de Mannheim : Wilhelm Hudelmaier. Deux policiers sont assis à la table voisine des deux malfaiteurs et écoutent la conversation. Et, en effet, ils parlent sans détour de leur dernier coup. En plein dans le mille ! Cela fait presque dix ans que les hommes de la cellule d'investigation attendent ce jour. Ils finissaient par penser qu'ils ne pourraient jamais les arrêter. Trouver l'adresse du troisième homme prend peu de temps. Deux semaines seulement après leur dernier coup, les enquêteurs débarquent en même temps, à l'aube, dans les trois appartements des suspects et les arrêtent.

Les malfaiteurs vont révéler quelques surprises aux enquêteurs. Maintenant que tout est terminé pour eux, ils veulent faire table rase du passé et avouent 19 braquages en 23 ans, pour un butin total de vingt millions de marks (environ 10,2 millions d'euros).

Après les aveux, il est possible pour la police de reconstruire partiellement leur histoire. L'un des malfaiteurs, Herbert Jacoby, vit dans le petit village de Kesten sur la Moselle. Il y mène une vie bourgeoise avec sa compagne. L'homme, bien sous tous rapports, est parfaitement intégré dans sa communauté. Il s'arrête régulièrement au bar « Himmeroder Hof » pour savourer une bière bien fraîche ; le dimanche, il y joue aux cartes avec ses voisins. Personne, ni sa compagne, ni sa famille, ni ses amis ou connaissances, ne se doute des millions sur lesquels Herbert Jacoby est assis. Son entourage a seulement remarqué que l'homme ne travaillait pas depuis deux décennies. Les seules habitudes qu'on lui connaît, ce sont les promenades dans le quartier avec son chien. Dans son village, Jacoby est considéré comme un bon vivant.

C'est au début des années 1970, que Herbert Jacoby fait la connaissance de son complice Wilhelm Hudelmaier. Les deux hommes ne seront jamais liés par une véritable amitié. Il s'agit plutôt d'une alliance de circonstance entre deux personnes dont la vie est marquée par l'échec. Au fil des années, Hudelmaier se révèle être le chef de la bande. Son jeune frère Dieter et lui, sont originaires du village souabe de Schlichten, près de Stuttgart. Leur père en a été le maire. Bien que les voisins de Dieter Hudelmaier soient convaincus qu'il est innocent, les enquêteurs sont certains qu'il est le troisième homme de la bande avec son frère Wilhelm et Herbert Jacoby. Les connaissances de Dieter pensent qu'il a été forcé par Wilhelm de participer aux braquages. Ce dernier en effet, a toujours été considéré comme un petit malin et on raconte qu'il aurait commis son premier cambriolage en Suisse à l'âge de 18 ans.

Hudelmaier et Jacoby ont commis leur premier cambriolage ensemble, 12 ans avant la prise d'otage des enfants Schlecker. Le 7 mars 1975, les deux hommes alors âgés d›une quarantaine d›années attaquent la caisse d›épargne du district d›Ebersbach, près d›Esslingen. Pour se camoufler, ils portent des fausses barbes et des perruques. L›un des deux menace les employés avec un pistolet, l'autre avec un fusil de chasse. Ils s'emparent de 195 000 marks (environ 94 740 euros). Mais les deux voleurs n'ont pas pensé à emporter un sac pour ranger l'argent ! Ils prennent un seau qui sert à faire le ménage, y fourrent leur butin et disparaissent.

Quatre mois plus tard seulement, au cours de l'été 1975, les deux hommes braquent la caisse d'épargne d'Oberkochen. Cette fois-ci, ils ont prévu un sac à dos pour ranger les 135 000 marks (environ 69 025 euros) dérobés. En novembre 1975, ils attaquent la Deutsche Bank d'Esslingen et s'emparent de 104 000 marks (environ 53 175 euros). Les braquages s'enchaînent jusqu'en 1978, où ils emportent 2,6 millions de marks (environ 1,3 million d'euros). Bien que les malfaiteurs aient accumulé un arsenal considérable au fil du temps, ils ne tirent jamais un seul coup de feu au cours de leurs braquages et ne blessent jamais physiquement l'une de leurs victimes.

Après les braquages, Herbert Jacoby revient à sa vie bourgeoise et sans histoire. Wilhelm Hudelmaier, quant à lui, part régulièrement à l'étranger. Il possède un faux passeport canadien au nom de William Meyer. Après l'affaire Schlecker, il prend un billet pour les États-Unis. Son frère Dieter, complice du braquage du directeur de la Kreissparkasse de Göppingen et de l'enlèvement de sa fille de 18 ans ainsi que de celui des enfants Schlecker, fait comme Jacoby : il disparaît dans la vie civile.

Wilhelm, le chef de la bande, mène la belle vie en Amérique entre voitures de luxe, bateaux et jolies femmes. Avec les millions qu'il a volés, il s'achète une villa en Californie et un yacht haut de gamme. Mais, le luxe coûte cher et sa part du butin est bientôt épuisée. L'escroc tente certes de placer son argent de manière rentable et légale, mais ses tentatives échouent lamentablement. Le manque d'argent n'est pas la seule chose qui pèse sur lui : depuis le milieu des années 1980, il sait qu'il souffre d'un cancer du sang. Au début des années 1990, il doit être soigné dans une clinique. Le traitement par radiothérapie et chimiothérapie n'est pas seulement physiquement et psychologiquement éprouvant et long, il coûte aussi beaucoup d'argent, et il n'a pas d'assurance maladie.

Mais il remporte une victoire contre la maladie et emménage dans un deux-pièces à Mannheim. Pour Hudelmaier, les années folles et la vie de luxe appartiennent au passé. Désormais, l'argent qu'il possède suffit à peine à satisfaire les besoins quotidiens. C'est alors que le vieux malfaiteur planifie avec son complice l'attaque de la famille Renn, sans se douter qu'il s'agit de leur dernier coup.

Le procès des trois malfaiteurs va attirer l'attention de la presse et du public. Tout le monde veut savoir à quoi ressemblent ces trois hommes qui ont réussi à commettre braquage et prises d'otages pendant plus de 20 ans sans que la police ne les retrouve. Nombreux sont ceux qui parlent d'eux avec un certain respect dans la voix. En effet, leur cas est exceptionnel. Non seulement par le nombre de délits commis, mais aussi par leur ingéniosité. Malgré la gravité de leurs actes, certains journalistes les désignent par les termes de « gentlemen-gangsters ». L'avocat de la partie civile ne peut pas non plus s'empêcher d'avoir cette impression lorsqu'il rencontre pour la première fois Wilhelm Hudelmaier : « Ce ne peut pas être un gangster ! C'est un bon et brave Souabe ! Il a de bonnes manières, il est soigné, calme et intelligent. » Toutefois, le juriste corrige son point de vue après avoir discuté avec le malfaiteur et ajoute qu' « il s'agit d'un type froid. »

Lorsque les trois accusés entrent pour la première fois dans la salle d'audience, la surprise est totale : ce sont trois hommes qui ne sont plus tout jeunes, ils ont entre 60 et 64 ans, qui se présentent au tribunal. Ils donnent l'impression de se rendre à une sortie entre retraités. Leur apparence ne coïncide pas avec le potentiel de dangerosité qui leur a été attribué. Mais les juges ne sont pas dupes. Même si la plupart de leurs délits sont déjà prescrits, le président condamne Wilhelm Hudelmaier et Herbert Jacoby à une peine de 13 ans et demi de prison chacun. Dieter Hudelmaier est lui condamné à 7 ans et demi derrière les barreaux.

Pour le chef de la bande, cette condamnation équivaut à une peine de prison à vie : un an seulement après son incarcération, Wilhelm Hudelmaier décède des suites d'un cancer. Herbert Jacoby semble s'être retiré de la vie publique après sa libération en 2013 et Dieter Hudelmaier a lui aussi disparu des radars. En revanche, les Schlecker ont encore fait parler d'eux dans la presse. La chaîne de pharmacie que possédait la famille a annoncé son insolvabilité en juin 2012. La rançon de l'enlèvement des enfants Schlecker n'a jamais été retrouvée.

Quelques mots de l'auteur

« *Ceux qui gardent les bonnes choses pour eux laissent le marché numérique aux trublions.* »

Ch**ère** *lectrice*, cher lecteur

Nous vous remercions d'avoir lu ce livre. Nous espérons qu'il vous a plu et qu'il vous a fait découvrir un côté plus sombre de l'Allemagne. Si c'est le cas, merci de laisser un avis positif sur Amazon et n'hésitez pas à parler de ce livre à vos amis. Sans critiques positives, les livres disparaissent dans les tréfonds du marché numérique. Dans le monde virtuel, les critiques sont comme des projecteurs. Le soutien que vous nous apportez, nous fait vraiment plaisir, encore plus que vous ne pouvez l'imaginer.

Nous comptons sur vous.

Merci beaucoup

Bien à vous,

Adrian Langenscheid et Benjamin Rickert

Email : AdrianLangenscheid@mail.de

Instagram : @truecrimedeutschland

La série de livres à succès
d'Adrian Langenscheid

Son style particulier et le succès de ses livres ont fait d'Adrian Langenscheid l'un des auteurs les plus connus en Allemagne dans le genre du « True crime ». Si vous avez aimé ce livre, n'hésitez pas à en commander d'autres de la série et à aider d'autres lecteurs à se plonger dans le monde du vrai crime en laissant un avis.